Albert Damblon

Den harten Boden aufbrechen

Albert Damblon

Den harten Boden aufbrechen

Die positive Kraft der nachkonziliaren Liturgie

echter

Inhalt

Der Sabbat ist für den Menschen da,
nicht der Mensch für den Sabbat.
(Mk 2,27)

Warum schreibe ich?

Wir feierten in unserem Münster Familiengottesdienst. Die Kinder bildeten einen Kreis um den Altar. Sie fassten sich an der Hand und schlossen den Kreis. Mittendrin stand ich, rechts von mir der quirlige Max und links die besonnene Sarah. Dann lud ich ein, das Vater unser zu beten. Ohne besondere Aufforderung rückten die Erwachsenen in ihren Bänken enger zusammen. Auch sie gaben sich die Hand, um in der Kirche eine lange Gebetskette zu bilden. Es klappte. Vom Altar bis zur letzten Bank waren alle miteinander verbunden. Wir beteten das Vater unser Hand in Hand. Es war tatsächlich unser gemeinsames Gebet. Kaum hatte ich den Friedenswunsch ausgesprochen, stürmte Max los. Sarah wollte mit, aber so schnell ging es bei ihr nicht. Max suchte seine Eltern. Da entdeckte er Vater und Mutter. Er warf sich in ihre Arme. Wahrscheinlich hatte er gar nicht richtig verstanden, worum es genau ging. Aber er spürte, dass Mama und Papa in diesem Gottesdienst seine Zuneigung verdient hatten.

Wenn einige Katholikinnen und Katholiken einen solchen Trubel in der Liturgie erleben, sehnen sie sich nach der Ruhe und Ordnung der alten Messe, und eine Abtei in der Eifel kehrt zu ihr zurück. Ein preisgekrönter

Schriftsteller veröffentlicht eine Streitschrift, die die Formlosigkeit der neuen Liturgie als Häresie anprangert. Liturgiewissenschaftler wehren sich mit ihren Einwänden. Diese sind angemessen mit Blick auf einen Literaten und einen Abt. Aber für die normalen Katholikinnen und Katholiken?

Da müssen wir schlichten Pfarrer her, die Tag für Tag den nachkonziliaren Gottesdienst feiern. Uns aber fehlen die Zeit und die Geisteskraft zu hochgelehrter Auseinandersetzung. Unser Vorteil: Wir erreichen eher die Herzen der normalen Leute. Um sie geht es jeden Sonntag um 10 oder 11 Uhr. 37 Jahre feiere ich mit ihnen die hl. Messe in der Form, die das II. Vatikanische Konzil vorgeschlagen hat. Allen Unkenrufen zum Trotz bin ich froh, so und nicht anders feiern zu dürfen. Warum will ich auf keinen Fall zurück? Weshalb tue ich mich schwer mit einer Geisteselite, die in der Liturgie Kultur und Vergangenheit beschwört? Was sind die Pluspunkte nachkonziliarer Messfeier unabhängig von den Argumenten der Liturgiewissenschaft?

Aus meiner Erfahrung habe ich nach Gründen gesucht, ohne Fachbücher zu wälzen. Es ist Zufall, dass ich gerade zwölf gefunden habe. Es könnten mehr sein. Aber die Liturgiereform braucht inzwischen apostolische Unterstützung. Meine gute Erfahrung mit der neuen Liturgie verlangt von mir, Stellung zu beziehen, nicht gegen einen Dichter oder einen Abt, sondern für das II. Vatikanische Konzil. Deshalb wage ich eine Verteidigung, frei weg von der Leber. Meine Erinnerungen an die Liturgie meiner Kindheit haben mich beflügelt. So bestimmen mich Erlebnisse, Erfahrungen und Einsichten von damals. Es gibt sicher viel mehr zu sagen. Mir jedoch

kommt es nicht auf Vollständigkeit an, als Pfarrer fühle ich mich verpflichtet, mit meinen Kräften ein Zurück in der Kirche zu verhindern.
Die Liturgiekonstitution des II. Vatikanischen Konzils, Sacrosanctum Concilium (SC), hat mich beim Schreiben begleitet. Sie habe ich intensiv meditiert und in ihr immer wieder Samenkörner entdeckt, die ausgesät sind. Sie müssen wachsen. Die ersten zarten Pflanzen haben den harten Boden verkrusteter Tradition durchstoßen. Ihr kostbares Wachstum will ich nicht verspielen. Bauch, Herz und Kopf warnen mich vor einem unschätzbaren Verlust. Es stimmt, dass die Liturgiekonstitution nicht immer eindeutig ist. An manchen Stellen lässt sie mehrere Interpretationen zu. Dennoch ist eins sicher: Das II. Vatikanische Konzil schaute nach vorne und wollte eine Erneuerung der Liturgie. Um die Zukunft des Gottesdienstes ging es, nicht um seine Vergangenheit.
Wer meint, Gott als Zentrum der Liturgie komme in meinen Gründen nicht vor, der täuscht sich. In jedem ist von Gott die Rede. Er durchzieht alle Argumente, weil er das Herz allen liturgischen Tuns ist. Dabei vertritt die Liturgiekonstitution ein Gottesbild, das die Sehnsucht vieler Menschen anspricht. Sie verkündet den Gott, der offen für das Leben ist. Er sucht der Menschen Bestes. Um ihn geht es mir, auch wenn ich ihn nicht ausdrücklich benenne. Wie Christus im Kreis seiner Apostel steht er in der Mitte. Aber er spielt sich nicht in den Vordergrund. Ihn dorthin gestellt zu haben, wo er in der Gemeinde hingehört, ist der Segen der neuen Liturgie.

»Damit das christliche Volk in der heiligen Liturgie die Fülle der Gnade mit größerer Sicherheit erlange, ist es der Wunsch der heiligen Mutter Kirche, eine allgemeine Erneuerung der Liturgie sorgfältig in die Wege zu leiten. Denn die Liturgie enthält einen kraft göttlicher Einsetzung unveränderlichen Teil und Teile, die dem Wandel unterworfen sind. Diese Teile können sich im Laufe der Zeit ändern, oder sie müssen es sogar, wenn sich etwas in sie eingeschlichen haben sollte, was der inneren Wesensart der Liturgie weniger entspricht oder wenn sie sich als weniger geeignet herausgestellt haben. Bei dieser Erneuerung sollen Texte und Riten so geordnet werden, dass sie das Heilige, dem sie als Zeichen dienen, deutlicher zum Ausdruck bringen, und so, dass das christliche Volk sie möglichst leicht erfassen und in voller, tätiger und gemeinschaftlicher Teilnahme mitfeiern kann. Zu diesem Zweck hat das Heilige Konzil folgende allgemeinere Regeln aufgestellt« (SC 21).

1. Gemeinschaft

Gott führt sein Volk zusammen

Während meine Mutter sehr kirchlich erzogen worden war, hatte mein Vater innerlich eher eine Distanz zur Kirche. Nur aus Liebe zu meiner Mutter besuchte er Sonntag für Sonntag die hl. Messe. Auf jeden Fall schleppte er mich schon früh mit. Ich fand auf seinen Schultern immer einen Sitzplatz. Die enge Gottesdienstgemeinschaft mit meinem Vater vermisste ich, als ich mir selbst einen eigenen Sitzplatz aussuchte. Nur durfte ich nicht in die Bank zu meinem Vater und zu meiner Mutter, ich musste nach vorne in eine der Kinderbänke. Bereits am Portal wurden wir Kinder abgefangen. Auf nicht liebevolle Weise trennte ein meist übel gelaunter Kirchenschweizer Kinder und Eltern. Dieser fühlte sich als Aufsichtsperson direkt von einem gestrengen Gott beauftragt. Zumindest sah er so aus. Eine hagere Gestalt mit einem kantigen Gesicht und giftigen Augen. Kein Jammern, kein Bitten und Flehen halfen bei ihm; mein Platz war vorne neben all den anderen Kindern. Wie schwer war es für mich, mich in dem Haufen der Kleinen zurechtzufinden. Wie gerne hätte ich die Messe mit meinen Eltern erlebt. Aber der Mann in seinem langen roten Talar und der roten Kappe auf dem Kopf duldete keine Ausnahme. Wir Kinder wussten es und versuchten gar nicht, ihn zu überlisten. Vielleicht hatten wir Angst, er könne uns mit seinem Stab hinterherlaufen und schlagen. Meine Eltern hätten nicht helfen können, sie waren weit weg in eine Erwachsenenbank verbannt. Insofern strengte mich jeder Messbesuch an. Denn ich wurde aus der Gemeinschaft der Familie verwiesen, und die Gemeinschaft der Kinder schätzte ich noch nicht. Ich spürte nicht mehr die warme Hand des Vaters, ich sah nur noch den bösen Blick des Kirchenschweizers.

Als Kind litt ich im Gottesdienst unter der Trennung. Die systematische Ordnung, mit der die Familie auseinandergerissen wurde, erschreckt mich bis heute. Wenn wir damals in Urlaub fuhren, besuchten wir selbstverständlich die hl. Messe in einem oberbayrischen Dorf. Dort wurde noch konsequenter getrennt. Ich musste nach vorne in die Kinderbank, meine Mutter zog nach links und mein Vater setzte sich rechts. Heute staune ich, dass es keine Bänke für Nicht-Bayern gegeben hat. Kinder, Frauen und Männer, alle waren fein säuberlich sortiert wie die Blumengestecke auf dem barocken Hochaltar.

Gottesdienstliche Gemeinschaft hatte kaum eine Chance und war vorkonziliar wahrscheinlich auch gar nicht gewollt. Ordnung und Schweigen verhinderten jede Möglichkeit einer Annäherung nach rechts oder links. Vielleicht war in meiner Pfarrkirche noch ein Blick in die Mädchenreihe möglich, aber ein Junge musste aufpassen, dass er nicht zu intensiv auf die andere Seite schaute, nicht wegen der Mädchen, sondern wegen der Aufsichtsperson. Ich war allein mit meinem Gott, was sicher nicht das Schlechteste war. Jedoch ist das nicht alles, was ich schon damals ahnte.

Und wo war der Priester? Er stand mit einigen Messdienern ganz weit vorne am Hochaltar und kümmerte sich um nichts. Vielleicht war er zu sehr beschäftigt mit all den Putten, den Heiligenfiguren und den Kreuzen. Was hinter seinem Rücken geschah, ließ ihn kalt. Ohne jeden Kontakt zu den Menschen in den Bänken vollzog er für sich allein ein fremdes Spiel. Gerne hätte ich mitgespielt. Doch ich kannte weder die Spielregel noch verstand ich die Sprache der Spielanleitung. Wehe, wenn ich nach vorne gegangen wäre, um einmal die kostbaren Geräte aus der Nähe zu sehen! So etwas hätte ich mir nie erlaubt. Denn das Spiel vorne wäre nicht nur unterbrochen worden, sondern auch nach einer strengen Regel ungültig gewesen. Nein, gottesdienstliche Gemeinschaft schien wie Unkeuschheit eine schwere Sünde zu sein.

Wie anders läuft heute der Gottesdienst, rund vierzig Jahre nach dem II. Vatikanischen Konzil! Mauern sind gefallen. Frauen, Männer und Kinder sitzen zusammen, um vereint die hl. Messe zu feiern. Die Gemeinschaft wird betont. Den Einzelnen hat es zu interessieren, mit wem er in einer Bank sitzt. Nicht Einzelgänger treffen sich zur hl. Messe, sondern Schwestern und Brüder. Der Priester kommt ihnen entgegen, denn er steht nicht mehr weit weg vorne am Hochaltar. Er bleibt zwar das Gegenüber der Gemeinde, gehört aber dennoch mitten in die feiernde Gemeinschaft hinein. Seit der Liturgiereform steht er hinter dem Altar, der wirklich zu einem Tisch geworden ist, um den sich eine »Familie« versammelt. Familie ist manchmal problematisch, und Geschwister leben schon einmal in Streit. Trotzdem führt die Eucharistie sie zusammen, weil alle zu Jesus Christus gehören. Vielleicht gelingt es sogar im Gottesdienst, den Streit zu überbrücken oder zumindest zu vergessen. Gott liebt alle. Wer seinen Glauben an ihn mit den anderen sichtbar teilt, wird friedfertiger.

In der nachkonziliaren Liturgie muss man aufeinander

zugehen, manche neu gestalteten Kirchenräume erzwingen es im guten Sinn. Inzwischen diskutiert die Liturgiewissenschaft die Möglichkeit, Altar und Ambo wie die Brennpunkte einer Ellipse anzuordnen. Gemeinde wäre dann tatsächlich in einem Kreis darauf bezogen. Keine Barriere würde die Gemeinschaft stören. In den meisten Kirchen wurde die alte Kommunionbank als Schranke zwischen Altarraum und Kirchenschiff entfernt, da überall heiliger Boden ist, nicht nur dort, wo der Altar steht. Kinderlärm ist erlaubt, und jeder in der Gemeinde freut sich, wenn die ganze Familie zum Gottesdienst kommt. Frohes Kinderlachen begleitet manchen Gottesdienst. Kinder gehören dazu.

Das II. Vatikanische Konzil hat immer auf einen Begriff hingewiesen, der zunächst wie ein Fremdwort klingt. Dabei ist er allen Katholiken vertraut: Communio. Wer in der Eucharistie zur Kommunion geht, erfährt eine auf Gott gegründete Gemeinschaft, eben die Communio. Alle, die am Tisch des Herrn das Himmelsbrot empfangen, werden Tischgenossen Jesu Christi. Und diese Tischgemeinschaft ist bezogen auf die Gemeinschaft des dreifaltigen Gottes. Gott selbst pflegt in sich Gemeinschaft. Vater, Sohn und Heiliger Geist sind eine lebendige Liebesbeziehung. Da Gott dreifaltige Gemeinschaft ist, ist Gemeinde vielfältige Gemeinschaft. Liturgie ohne die Gemeinschaft der Menschen wird damit unmöglich. Vor kurzem erlebte ich, welche Konsequenz gottesdienstliche Gemeinschaft hat. Der Bischof hatte Pfarrgemeinderatswahlen angesetzt. Sie fanden bei uns in einem Seitenschiff der Kirche statt. Nach der hl. Messe strömten die Wählerinnen und Wähler an den Tisch, um ihr Wahlrecht auszuüben. Es hatte sich eine Schlange gebildet, und man musste warten. Frau K. stellte sich in die Reihe. Plötzlich sah sie eine Familie, die nicht genau wusste, was zu tun war. Sie wirkte unsicher. Sollen wir uns einreihen oder nicht? Frau K. verließ ihren sicheren Platz, um mit dem Mann zu reden. Sie sprachen länger miteinander. Nach einiger Zeit holte er seine Frau dazu. Die große Tochter kam auch mit. Lebhaft wurde diskutiert. Dann hatte Frau K. es geschafft. Alle zusammen gingen an den Wählertisch, reihten sich ein, warteten noch einmal eine ganze Weile und wählten. Nachher fragte ich Frau K., ob sie die Familie gekannt habe. »Sie wohnt bei uns im Haus. Nette Leute! Vor einigen Jahren kam sie aus Portugal zu uns. Vater und Mutter sprechen ein wenig Deutsch, aber die Tochter hervorragend. Wenn wir schon miteinander Messe feiern, muss ich ihnen doch erklären, was sie heute tun sollen. Sie wussten gar nicht, was los war. Deshalb habe ich sie mir geschnappt. Sie gehören schließlich zu unserer Gemeinde.« Eucharistische Gemeinschaft hat eben Folgen. Sie ergeben sich sofort.

»Wenn Riten gemäß ihrer Eigenart auf gemeinschaftliche Feier mit Beteiligung und tätiger Teilnahme der Gläubigen angelegt sind, dann soll nachdrücklich betont werden, dass ihre Feier in Gemeinschaft – im Rahmen des Möglichen – der vom Einzelnen gleichsam privat vollzogenen vorzuziehen ist« (SC 27).

2. Ansehen
Gott lächelt dich an

Ein Sonntag im Juni. Ein besonderer Sonntag, da an ihm unsere Pfarrprozession stattfand. Mit dem Kirchenschweizer und der Geistlichkeit versammelten sich die Messdiener in der Sakristei. Die beiden Kapläne hatten sich schon eingefunden und legten die Festgewänder an. Die Messdienerschar, alle in ihren roten Röckchen und gestärkten Rochetts, wurden zum Schweigen verdammt. Willi, der Küster, rotierte wie jedes Jahr an diesem Fest. Dann war er ungenießbar, und die Jungen hüteten sich, einen Laut von sich zu geben. Unbemerkt hatte der Dechant die Sakristei betreten. Obwohl schon 80 Jahre alt, bewegte er sich aufrecht, kerzengerade. Die wenigen verbliebenen Haare waren längst ergraut, wovon die buschigen Augenbrauen unberührt schienen. Weder grau noch dünn wuchsen sie über zwei verschmitzten Augen, die hintergründig immer ein Lächeln ausstrahlten. Weil das Fest Johannes des Täufers, unseres Pfarrpatrons, gefeiert wurde, hatte er seine violette Soutane angezogen. Schließlich war er nicht nur Pfarrer meiner Heimatgemeinde, sondern auch Ehrendomherr. Ein Hauch von Vatikan umwehte die Sakristei. Seine Erscheinung flößte selbst uns Kindern Respekt ein. Doch letztlich ahnten wir, dass unter diesen würdevollen Kleidern ein Kinderfreund steckte. Wir hatten keine Angst. Trotzdem standen wir vor Ehrfurcht stramm. Nachdem er die Kapläne, den Küster und den Schweizer begrüßt hatte, wandte er sich uns zu. Bewusst drehte er sich um und schau-

te uns an. Es gab keine Gelegenheit, seinem Blick auszuweichen. Er lächelte mich an.
– »Guten Morgen, Jungs! Stark genug, um den langen Weg auszuhalten?«
– »Guten Morgen, Herr Pastor!«
– »Ein wunderbarer Tag. Der Himmel hält zu Johannes, wie damals über dem Jordan. Ihr werdet es heute gut machen. Davon bin ich überzeugt. Also, los geht es!«
Obwohl er mit allen sprach, fühlte ich mich angesehen. Anschließend gab er jedem die Hand. Viele kleine Hände musste der geistliche Herr schütteln, aber uns war es, als ob der liebe Heiland uns selbst begrüßte. Wahrscheinlich kannte der alte Herr weder meinen Namen noch meine Familie. Bei mehr als 50 Messdienern war es schwer, alle auseinanderzuhalten. Dennoch spürte ich, dass ich gemeint war, als er mir die Hand gab. Dann versank er im alten Ritus und schloss seine Augen. So schien es der Ablauf zu verlangen. Selbst zur Predigt öffnete der Pfarrer kaum seine Augen.
– »Adjutorium nostrum in nomine Domini.« Der Dechant machte ein Kreuzzeichen. Wir antworteten, ohne verstanden zu haben.
– »Qui fecit caelum et terram.« Die Prozession zog los. Was ich in der Sakristei erlebt hatte, vermisste ich in der ganzen Feier. Hier wurde niemand angeschaut.
Als Gemeindemitglied habe ich in der erneuerten Liturgie Ansehen gefunden, als Priester darf ich »Ansehen verschenken«. Durch den neuen Standort hinter dem Altar schaut der Priester während der Liturgie die Gemeinde an. Er hat sie im Blick. Wer ein wenig von Blickkontakt versteht, weiß, wie durch richtiges Anschauen der Einzelne sich angesprochen fühlt. Die Gemeinde an-

sehend, verleiht der Priester jedem Mitfeiernden Ansehen. Vom Anfang bis zum Ende der Messe steht er ihnen Auge in Auge gegenüber. Wie er die Gemeinde anschaut, verweist darauf, wie Gott die Menschen anschaut. Der Kirche war auch vor dem Konzil bewusst, wie wichtig das Ansehen der Gemeinde ist. Ab und zu musste sich der Zelebrant umdrehen. Ganz ohne Augenkontakt ging es nie. Durch die Neuausrichtung der Feier wird von Vornherein deutlich, worum es im gesamten Gottesdienst geht. Indem der Priester die Mitfeiernden während der Messe ansieht, baut er die Brücke zwischen Gott und Mensch. Es verschafft den Mitfeiernden die Gewissheit von göttlichem Ansehen. Um Gott geht es und um seine Beziehung zu den Menschen, der Priester tritt in den Hintergrund. Der Priester als Vorsteher der Eucharistie vergegenwärtigt Christus, so die Liturgiekonstitution. Dann gehört es zur liturgischen Rolle, wie Christus die Menschen liebevoll anzusehen. Wahrlich, keine leichte Aufgabe, die der Priester übernimmt. Klar, dass sie ihn überfordern könnte. Aber jeder Zelebrant ist nicht auf seine persönliche Leistung angewiesen, er darf auf die Gnade Gottes bauen. Das Ansehen Gottes bindet sich nicht an priesterliches Verdienst. Gerade in der Liturgie ergeht Gnade vor Verdienst. So bleibt der Priester geschützt und selbst im Ansehen Gottes.

Traditionelle Hochaltäre werden oft von einem Kreuz gekrönt, dessen Corpus weit die Arme ausbreitet. Die Theologie erklärt, damit werde die Opferhaltung Christi ausgedrückt. Jesus Christus biete sein Leben dem göttlichen Vater an. Trotzdem hängt der Gekreuzigte nicht mit dem Rücken zur Gemeinde, sondern seine offenen Arme umfangen sie und holen sie in das Geschehen hinein. Sein Kreuzbild verleiht Ansehen. Sobald der Priester seine Arme weit öffnet, fällt die Parallelität der Haltung auf. Mit dem barmherzigen Blick des Gekreuzigten sollte der Priester die Menschen ansehen. In seinem Angesicht spiegelt sich Ansehen, das Gott in Jesus Christus der Gemeinde schenkt.

Um des Ansehens willen habe ich eine gute Praxis umgekehrt. Normalerweise verabschiedet die evangelische Pfarrerin oder der Pfarrer die Gottesdienstteilnehmer am Portal. Statt zu verabschieden, begrüße ich sie, wenn irgend möglich. Ich bin eine halbe Stunde vor Beginn der hl. Messe in der Sakristei. Manchmal verhindert es das sonntägliche Zelebrationskarussell von Kirche zu Kirche, dass ich pünktlich ankomme. Wenn es aber geht, ziehe ich in Ruhe meine Gewänder an und bespreche die letzten Dinge mit Küsterin und Organist. Dann bleiben 20 Minuten, um an der Kirchentür die Mitfeiernden zu begrüßen. Vor Beginn des Gottesdienstes will ich wissen, wer da ist. Nicht um zu kontrollieren, sondern um die Teilnehmerinnen und Teilnehmer anzusehen und zu ermutigen, sich auf das gemeinsame Geschehen einzulassen. Sie sollen spüren, dass sie angenommen sind. Für den Leiter der Eucharistie ist es wichtig, die Menschen in den Blick zu nehmen, die den Gottesdienst mitfeiern wollen. Ihre Sorgen und Nöte stehen am Anfang der hl. Messe. Sogar mir unbekannte Menschen erzählen mir sofort, worum es geht. Sobald ich ihnen »Guten Morgen« gewünscht habe, sprudeln sie los. Und ich lasse sie reden. In der kurzen Zeit ist natürlich kein Beratungsgespräch möglich. Aber ich kann sie anlächeln. Sie haben oft nur eine Bitte.

– »Denken Sie an mich während der Messe, Herr Pfar-

rer!« In diesem Moment steht der Priester für die ganze Gemeinde.
– Manchmal stürmen die Kinder auf mich zu. Auch sie wollen begrüßt werden, und die meisten haben etwas zu erzählen. Ferdinand muss es einfach loswerden: »Wir haben ein Schwesterchen bekommen.« Wer freut sich nicht mit Ferdinand?
– Dagegen quält Frau F., dass sie vorgestern eine Krebsdiagnose bekommen hatte. Es bestehen Heilungsmöglichkeiten, aber beim Krebs weiß man nie.
– Eine Ärztin bricht für drei Wochen nach Indien auf. Sie möchte sich dort über das Gesundheitssystem informieren. »Ich will gesegnet fliegen!«
– Ein Mann, den ich noch nie gesehen habe, verrät mir: »Heute vor 61 Jahren bin ich zur ersten hl. Kommunion gegangen. Auf den Tag genau!«
– Genauso fremd ist mir das Paar, das mich mit den Worten begrüßt: »Wir haben heute vor 40 Jahren geheiratet. Wir würden uns über ein kurzes Gedenken freuen.«
– Gedacht habe ich auch an den Mann, der da war, um Gründe für seinen Kircheneintritt zu finden.
Was ist alles los in einer normalen sonntäglichen Gottesdienstgemeinde? Was wird alles mitgebracht und kann leider nicht in der Bank abgelegt werden? Die Gemeinschaft wird durch die Fragen, die Sorgen und die Nöte der teilnehmenden Menschen zusammengehalten. Darum zu wissen ist heilsam. Deshalb wird der Mensch angesehen. Er muss sich nicht abstrampeln, um zu Ansehen zu kommen. Gott weiß um ihn. Sein Ansehen wird ihm in der nachkonziliaren Liturgie geschenkt.

»Um dieses große Werk zu verwirklichen, ist Christus seiner Kirche immerdar gegenwärtig, besonders in den liturgischen Handlungen. Gegenwärtig ist er im Opfer der Messe sowohl in der Person dessen, der den priesterlichen Dienst vollzieht – denn ›derselbe bringt das Opfer jetzt dar durch den Dienst der Priester, der sich einst am Kreuz selbst dargebracht hat‹ –, wie vor allem unter den eucharistischen Gestalten …« (SC 7).

3. Kinder

Die kleinen Leute am Herzen Gottes

Unser schrecklicher Kirchenschweizer tat seine Pflicht. In der vorkonziliaren Messe waren Kinder ruhig zu halten. Bei besonderen Gottesdiensten hatte er Hilfe. Eine Lehrerin saß in unseren Bänken. Sie blickte noch finsterer als er. Bei ihr musste sich jedes Kind wirklich vorsehen, denn es wusste, wie sie ein ungezogenes Kirchenkind als Schulkind behandelte. Lehrerin und Schweizer achteten genau darauf, dass kein Kind irgendeinen Mucks machte. Einzig die Lippenbewegung zu den Liedern und Gebeten duldeten sie. Natürlich durften wir aufstehen, uns hinsetzen und uns niederknien. Doch wehe, es passierte zur falschen Zeit im Gottesdienst. Ich habe es nie erlebt, jedoch mancher Greis erzählt davon, dass er sich eine Ohrfeige im Gottesdienst abgeholt hat. Überhaupt herrschte in der Kirche Disziplin. Sobald mich meine Eltern abgeliefert hatten, musste ich schweigen. Alles, was auf irgendeine Weise Lärm machte, wurde unterdrückt. Mein kindlicher Bewegungsdrang wusste nicht wohin. Erst nach einer Stunde, als ich draußen die Sonne sah, durfte ich wieder lachen, sprechen und hüpfen. Bis heute weiß ich nicht, was mich damals trotz allem am Gottesdienst faszinierte. Ich vermute, dass ich Messe in jener Zeit auch anders erlebt habe.

Unser Pfarrer war ein weise gewordener Priester. Seine Lebenserfahrung hatte ihn liebevoll gemacht, und die Kinder lagen ihm am Herzen. In seinem Alter war er auf die Hilfe seiner Kapläne angewiesen. Fünf Jahre vor Beginn des II. Vatikanischen Konzils und sechs Jahre vor der Einführung der Liturgiereform beging ich meine Erstkommunion. Ich erlebte dabei einen Gottesdienst, der sozusagen seitenverkehrt gefeiert wurde. Vor uns Kindern stand ein Tisch, und der Priester hatte sich den Kommunionkindern zugewandt. Er blickte nicht zum Kreuz, er öffnete sich für uns. Anders als sonst bei den Gottesdiensten stand er mit offenen Augen und mit offenen Armen vor uns. Von ihm in den Blick genommen, fühlten wir uns aufgehoben, so dass wir keinen Kirchenschweizer brauchten. Es konnte uns nichts passieren. Er sah uns ja. Wenn uns übel wurde, ein kleiner Wink unseres Pfarrers und ein Kaplan stürzte herbei, um uns an die frische Luft zu schleppen. Am Tag meiner Erstkommunion habe ich nicht weiter darüber nachgedacht. Weil diese Gottesdienstform nachher alltäglich wurde, habe ich verdrängt, wie ich mich damals fühlte. Eines weiß ich sicher: Ich durfte sehen, was der Priester machte. Ja ich saß an seinem Tisch und fühlte mich eingeladen. Selbstverständlich wurden Kinder unruhig, ein sanftes Lächeln von ihm, schon waren sie wieder bei der Sache. Schließlich sollte Jesus bei ihnen anklopfen. Darauf hatten wir uns im Kommunionunterricht vorbereitet. Bei meiner Erstkommunionmesse merkte ich zum ersten Mal, dass Gott und die Kinder gut zueinander passen. Erst heute schätze ich richtig ein, was die Feier zu meiner ersten hl. Kommunion bedeutet hat. Der Pfarrer hatte sich wahrscheinlich sorgfältig überlegt, gerade zur Kinderkommunion die Messe auf den Kopf zu stellen. Damals wusste er schon, wie Kinder einbezogen werden müssen.

Fast in jedem Gottesdienst erfahre ich die Eignung der

erneuerten Liturgie für Kinder. Der alte Ritus entsprach den Erwachsenen. Dagegen machte die Liturgiereform die hl. Messe kinderfreundlich. Allein das Ansehen, das der neue Ritus der Gemeinde schenkt, tut den Kindern gut. Keiner sollte sich von ihnen abwenden. Sie begreifen nicht, weshalb man ihnen den Rücken zudreht, im Gegenteil, sie wollen angenommen werden, so wie Jesus es mit den Kindern getan hat. Gegen die Einwände der Erwachsenen lässt er die Kinder auf sich zukommen. Sein Segen besteht in der intensiven Zuwendung und Offenheit. Wie Jesus öffnet sich die nachkonziliare Liturgie für die kleinen Menschen. Deshalb haben Kinder eine Chance, sie mitzufeiern.

Kinder sind wahre Mitzelebranten, ohne den Unterschied zu Konzelebranten zu verwischen. Die Nähe zu den Kindern entspricht dem Geist der Liturgiereform. Wäre es sonst möglich gewesen, eine eigene Ordnung für Kindergottesdienste zu erlauben? Kinder hatten plötzlich eine Bedeutung in der Liturgie. Ihnen steht genauso wie den Erwachsenen eine Rolle im Gottesdienst zu. Speziell wurden drei Hochgebete für die Kinder approbiert. Zum ersten Mal können Kinder das Wichtigste der Messe in ihrer Sprache verfolgen. Die Messe ist nicht mehr eine Veranstaltung für Latein sprechende Erwachsene. Und die Erfahrung zeigt: Was für Kinder geeignet ist, eignet sich auch für Erwachsene. Wenn Kinder dem Geheimnis nahekommen, sind plötzlich auch die Erwachsenen ganz nahe. Ihnen tut die Zuwendung genauso gut wie den Kindern. Wenn Kleine verstehen, verstehen auch die Großen. Kinder stehen für alle Gottesdienstfeiernden. Liturgie ist immer für die Kleinen, und die Großen verstehen sie nur, sobald sie sich klein machen. Vielleicht war es ein Anliegen des II. Vatikanischen Konzils, die Liturgie mit den kleinen Leuten zu versöhnen. Vor Gott sind wir alle klein. Kleine Leute feiern den Gottesdienst. »Wenn ihr nicht werdet wie die Kinder, werdet ihr das Reich Gottes nicht verstehen.«

Noch einmal Münster-Basilika. Sonntagmorgen. Erntedankfest. Ungefähr fünfzig Kinder hocken auf den Stufen vor dem Altar und betrachten hingebungsvoll einen Apfel. Zu weich, zu gelb, zu klebrig, zu rund – die Kindermünder bringen mit ihren Kommentaren Leben in das Langschiff. Die Erwachsenen lachen mit den Kindern, die ohne Scheu sagen, was sie sagen wollen. Als es um die Entstehung dieses einen Apfels geht, klärt ein Junge auf, dass eine Biene im Frühjahr die Blüte betäubt habe. Es ist schade, aus dem Betäuben ein Bestäuben machen zu müssen. Anschließend bringt der Kinderchor mit einem schwungvollen Lied über die Schöpfung selbst die Alten in Stimmung. Bevor wir unseren Altartisch decken, erzähle ich, wie ein Geheilter sich bei Jesus bedankt hat. Die Kinder hören genau zu, fast besser als die Erwachsenen. In den Kinderaugen leuchten Freude und Neugier, wenn ich sie um den Altar schare. Sie sehen, was auf dem Tisch steht: das Brot, von dem ich so oft spreche, und der Kelch. Er wird nicht leer bleiben. Tatsächlich füllen ihn die Messdiener mit Wein. Jede Bewegung, jede Geste beobachten die Kleinen genau. Alles, was ich tue, sehen sie. Für sie ist es wichtig, mit den Augen dabei zu sein. Mit ihnen berühren sie Brot und Wein. Im Kelch schwimmt kein Geheimnis, es ist Wein, wie er auch schon einmal bei den Kindern und ihren Familien auf dem Tisch steht. So auf Jesus Christus kon-

zentriert, hören sie den Einsetzungsbericht, den Dreh- und Angelpunkt der ganzen hl. Messe. Für die Kinder ist das Ganze kein Hokuspokus, so wie einst die lateinischen Wandlungsworte verballhornt wurden. Dennoch bleibt es für sie ein Glaubensgeheimnis.
Der Kindergottesdienst, den das II. Vatikanische Konzil ermöglicht hat, war vielleicht der Traum meines alten Pfarrers. Er führt die Kinder ohne lange Umwege zu Jesus Christus, der sie wie damals herbeiwinkt und sie mit offenen Armen einlädt. Aber eigentlich bedarf es gar keiner Kindermesse. Der konziliare Ritus bietet genügend Möglichkeiten für die Kinder.

»Die Seelsorger sollen eifrig und geduldig bemüht sein um die liturgische Bildung und die tätige Teilnahme der Gläubigen, die innere und äußere, je nach deren Alter, Verhältnissen, Art des Lebens und Grad der religiösen Entwicklung. Damit erfüllen sie eine der vornehmsten Aufgaben des treuen Spenders der Geheimnisse Gottes. Sie wollen ihre Herde dabei nicht bloß mit dem Wort, sondern auch durch das Beispiel führen« (SC 19).

4. Muttersprache
Gott spricht Deutsch

Vielleicht war ich ein zu frommes Kind, das schon nicht mehr in seine Zeit passte. Auf jeden Fall interessierte mich Kirche mehr als Fußball. Statt Frömmigkeit kann es auch meine Neugier gewesen sein. Ich wollte es wissen und wuchs so in die katholische Kirche hinein, wohingegen meine Klassenkameraden sich längst aus der Kirche verabschiedet hatten.

Weil ich als Messdiener die Sonntagsmesse regelmäßig mitfeierte, wollte ich ihren Ablauf verstehen. Hinter dem, was vorne am Altar geschah und gesprochen wurde, musste es doch einen Sinn geben. Was ich stundenlang mit dem Obermessdiener geprobt hatte, folgte inneren Gesetzen. Rubriken und Riten suchte ich mir zusammen. Dagegen haperte es mit der lateinischen Sprache. Wo gab es Übersetzungen des schrecklichen »Suscipiat«, Stolperstein für jeden Messdiener? Ja, was hießen die Verse, die ich in jeder Messe tief gebeugt herunterleierte?

– »Suscipiat Dominus sacrificium de manibus tuis ad laudem et gloriam nominis sui, ad utilitatem quoque nostram, totiusque Ecclesiae suae sanctae.« So hatte ich es gelernt, und so hörte es sich wahrscheinlich an:

– »Suschi … saman … pattu … .toschus … hekle … sanctae.«

Einige Worte kannte ich aus dem Lateinunterricht. »Dominus« war der Herr und »Ecclesia« die Kirche. Trotzdem reihte ich im Großen und Ganzen einfach Worte sinnlos aneinander. Hauptsache, der Priester und ich erfüllten das Gesetz. Wie erging es Matthias, meinem Mitmessdiener, der in der Schule kein Latein lernte? Für ihn wurde das »Suscipiat« noch mehr zur Übung, möglichst viele Silben zu verschlucken. Durchnuscheln, die meisten Priester waren damit zufrieden.

Einmal im Jahr fuhr unsere Familie nach Kevelaer. Der niederrheinische Wallfahrtsort hatte es besonders meiner Mutter angetan. Es war weniger eine Wallfahrt, mehr ein Sonntagsausflug mit religiöser Prägung. »Kerzen anmachen vor dem Gnadenbild«, war das Anliegen meiner Mutter. Eine für meinen Vater, eine für meinen Bruder, eine für mich und eine für sie selbst. Danach ging es in ein Café, um bei Kaffee und Kuchen den Sonntag ausklingen zu lassen. Der Kaffeeklatsch war für mich nicht so interessant. Stattdessen durfte ich durch den Ort schlendern. Was staunte ich über die Auslagen in den Schaufenstern! Heiligenfiguren aller Sparten und aus jedem Material, dicke, große und dünne Kerzen, natürlich Rosenkränze aus bunten Perlen und Gebetbücher. In einem Buchladen interessierte mich ein Buch besonders. In Kunstleder schwarz eingebunden und mit Goldschnitt. Langsam las ich das Titelblatt: »P. Anselm Schott. Das vollständige Römische Messbuch lateinisch und deutsch«. Neugierig geworden, überflog ich das Vorwort. Sollte dieses Gebetbuch meine Neugierde befriedigen? Es enthielt alle Texte der Römischen Messe in Latein und Deutsch. Sie waren nebeneinander angeordnet, so dass der lateinische Text genau dem deutschen entsprach. Da, das »Suscipiat« auf Deutsch:

– »Der Herr nehme das Opfer an aus deiner Hand zum Lob und Ruhme Seines Namens, zum Segen für uns und Seine ganze heilige Kirche.«

Endlich verstand ich einmal, was ich zu nuscheln hatte. Ich blätterte weiter. Endlich einmal die Evangelien auf Deutsch, endlich einmal die Gebete zum Verstehen. Damit konnte ich nachvollziehen, was der alte Dechant am Altar betete. Nichts verbarg sich mehr hinter lateinischen Wortgeräuschen. Nach dieser Entdeckung hatte ich einen auch für einen Jungen damals eigenartigen Weihnachtswunsch: keinen Fußball und kein Schuko-Auto. Das Christkind sollte mir einen Schott bringen.
Tatsächlich beschenkte es mich mit der deutschen Messliturgie. Fünf Jahre später brauchte ich das Geschenk nicht mehr. Direkt nach der Liturgiereform war alles anders. Der Priester drehte sich um, nahm eine deutsche Bibel und las vor: »In jener Zeit ...« Die Geschichten um Jesus wurden plötzlich lebendig, weil ich sie sofort verstand. Der Pfarrer holte mich in das Geschehen hinein. Ich war gemeint, ich sollte zuhören. Für mich und die anderen wurde die Geschichte erzählt. Jesus nahm uns mit in das Boot, bevor er in See stach. Es war nicht mehr nötig, über eine Sprachmauer zu klettern. Gott brauchte keinen Übersetzer. Zum ersten Mal hatte ich das Gefühl, dass Gott auch Deutsch spricht.
Da Gott Gott ist, wird er alle Sprachen sprechen, um mit allen Menschen reden zu können, hatte ich mir schon immer gedacht. Heilsgeschichte ist zugleich Weltgeschichte, dann wird Gott polyglott sein. Warum sollte der Ritus einem vielsprachigen Gott den Mund verbieten! In der Feier der Liturgie jedoch war die Muttersprache für mich ein Aha-Erlebnis: Gott, unser Vater, spricht meine Muttersprache. Ein wenig ahnte ich, was Menschwerdung bedeuten könnte. Gott ist Mensch geworden. Genauer formuliert müsste es heißen: Gott ist Jesus von Nazareth ge-

worden. Von seiner Mutter Maria lernte er sprechen. Aramäisch war seine Muttersprache, und nur in dieser Sprache konnte er zu seiner Zeit seine Mitmenschen ansprechen. Heute spricht der menschgewordene Gott meine Sprache, damit ich mich mit ihm verständigen kann.
In der Eucharistie feiert die Gemeinde den Sohn Gottes, der für sie gegenwärtig wird. Gegenwart, Präsenz hat auch mit Sprache zu tun. Wer meine Sprache spricht, ist mir nahe. Ohne Dolmetscher geht es leichter, den anderen zu erreichen. Gott macht es doch dem Menschen so einfach wie möglich. Durch den Gebrauch der gemeinsamen Sprache wächst Gemeinschaft. Alle können miteinander reden. Selbst der Priester ist nicht länger als Fremdsprachiger ausgegrenzt. Gerade in seiner Rolle als Vorsteher spricht er jederzeit mit. Es ist ein Unterschied, ob ich zu Beginn der Eucharistie die Gemeinde deutsch oder lateinisch begrüße. »Dominus vobiscum!« klingt nicht nur anders als »Der Herr sei mit euch!« Der deutsch gesprochene Text ist für alle verständlich ein Gruß und schafft die dazugehörende Atmosphäre. Die Gemeinde wünscht sich von Anfang an, mit dem Herrn Jesus Christus Messe zu feiern. Natürlich sagt der lateinische Satz nichts anderes, aber durch die fremde Sprache schafft er Distanz statt Nähe. Dabei geht es um Nähe. Es ist das Angebot Gottes an uns, uns nahezukommen. Und diejenigen, die in dieser Feier ihren Glauben an Gott bekennen, sollen ebenfalls näher rücken, sich auf keinen Fall voneinander entfernen. Die muttersprachige Liturgie hat eine neue Kultur des Miteinanders geschaffen. Während die alte Liturgie mehr dem Einzelnen Raum lässt, sitzen wir nach dem Konzil in einem Boot, im Schiff, das sich Gemeinde nennt.

»Ja, früher flog ich in Urlaub nach Mallorca, und sonntags ging ich dort zur Messe. Weil wie zu Hause alles auf Latein gebetet wurde, kannte ich mich aus«, bedauert mancher, »vor dem Konzil war ich in jeder Messe überall auf der Welt zu Hause!« Wirklich? War Latein nicht ähnlich fremd wie Spanisch? Eins stimmt: Vor der Liturgiereform murmelte der Pfarrer im Kölner Dom genauso unverständlich wie der in der Kathedrale von Palma. Jetzt merke ich während des Gottesdienstes, dass ich in Spanien bin und dass Gottes Muttersprache auch Spanisch ist. Es ist eben so: Gott spricht alle Sprachen, damit er alle Menschen ansprechen kann.
Es ist ein konziliares Pfingstwunder, Gott und die Geschichten seines Sohnes in allen Sprachen zu hören, auch, wenn ich will, in Latein. Denn Latein ist nicht verdammt. Das II. Vatikanische Konzil schätzte diese Sprache nach wie vor. An manchen Orten wird sie mit Hingabe in der hl. Messe gesprochen und vor allen Dingen gesungen. Manches Choralamt erinnert wunderbar an die lange Geschichte der Liturgie. Aber der Grundgedanke des Konzils gilt unverändert. Gott ist auch ein Römer, aber nicht nur ein Römer. Sonst müsste man dem jüdischen Sprichwort Recht geben: Gott spricht alle Sprachen, am liebsten aber Hebräisch.

»Da bei der Messe, bei der Sakramentenspendung und in den übrigen Bereichen der Liturgie nicht selten der Gebrauch der Muttersprache für das Volk sehr nützlich sein kann, soll es gestattet sein, ihr einen weiteren Raum zuzubilligen, vor allem in den Lesungen und in Hinweisen und in einigen Orationen und Gesängen ...« (SC 36§2).

5. Freiheit
Zur Freiheit befreit

Obwohl kirchlich sozialisiert, erinnere ich mich kaum an kirchliche Ereignisse meiner Jugend. Insgesamt sind sie verblasst. Im Rückblick fällt mir ein bemerkenswerter Abend ein, der ganz gewöhnlich begann. Als Aushilfsküster im Ferienjob hatte ich Dienst in meiner Pfarrkirche. Wie jeden Freitag fand um 19 Uhr die hl. Messe statt, die unser alter Pfarrer zelebrierte. Die Messe verlief ohne besondere Vorkommnisse. Als sie vorbei war, hielten sich unsere beiden Kapläne in der Sakristei auf. Komisch, ich wunderte mich. Warum waren sie gekommen? Es gibt doch nichts Besonderes, dachte ich. Nachdem der Pfarrer sein Gewand abgelegt hatte, sprudelte der jüngste Kaplan sofort los.

– »Nicht so schnell, das geht mir alles zu schnell«, ein bisschen abwehrend versuchte der Pfarrer zu bremsen.

– »Irgendwo und irgendwie müssen wir nun anfangen«, korrigierte der andere Kaplan.

– »Womit anfangen?«, unterbrach ich vorsichtig, denn ich sah Arbeit auf mich zukommen. Jeder Küster ist Opfer klerikaler Ideen.

– »Das Konzil hat uns eine neue Liturgie beschert«, klärte mich der Pastor auf.

– »Geschenkt!«, berichtigte der jüngste Kaplan. Das II. Vatikanische Konzil hatte ich in der Wochenschau beobachtet, doch interessierten mich hauptsächlich die Bilder der festlichen Gottesdienste. Wie viel Arbeit hatte der Küster des Petersdomes!

– »Es ändert sich einiges«, drängte sich ein Kaplan ungestüm vor, »der Altar wird umgestellt.«
– »Der Altar ist doch gemauert und in der Erde fest verankert. Wie soll er umgestellt werden?« Ich konnte mir eine Neuordnung nicht vorstellen. Der Pfarrer schwieg. Trotzdem schien er sich wohlzufühlen, ja sogar erleichtert. Die Kapläne planten, organisierten, handelten und ihr weißhaariger Chef ließ sie gewähren. Vorher hatten sie den Eichentisch meiner Kommunionmesse herbeigeschafft. Noch nie hatte ich gesehen, wie Kapläne körperlich anpackten. Sie wollten auf jeden Fall an diesem Abend fertig werden. Zur Sonntagsmesse sollte der Tisch als Altar funktionieren. Mit glänzenden Augen bauten sie ihn vor der Kommunionbank auf, direkt an der Grenze zu den ersten Bankreihen der Gemeinde. Der erste Kaplan probierte es aus, er stellte sich hinter den Tisch.
– »Da musst du dich erst daran gewöhnen, so nah werden dir die Menschen sein. Ein total anderes Gottesdienstgefühl. Ich bin gespannt.«
– »Man lernt alles«, tönte der zweite aus der ersten Bank. Er spielte Gemeinde. Noch einmal gerade rücken, der Tischaltar stand.
– »Jetzt muss vieles weg«, das Herz des jüngsten Kaplans lief über. Der Dechant mahnte ernst.
– »Meine hochwürdigen Herren! Mehr Ehrfurcht vor den liturgischen Geräten. Wir müssen es behutsam angehen. Denken Sie an die alten Leute, liebe Mitbrüder! Trotzdem, ich kann euch gut verstehen. Während meines Priesterlebens habe ich mich mit manchem sehr schwergetan.« Das Feuer der Begeisterung brannte mit den Kaplänen durch. »Weg damit«, diese Aufforderung

habe ich an jenem Abend am häufigsten gehört. Man reichte mir den schweren Buchständer, leer, das dicke Messbuch lag noch auf dem Altar. Wie oft hatte ich während meiner Ministrantenkarriere den Buchständer genommen und ihn mit Buch von rechts nach links geschleppt. Stolpert er oder stolpert er nicht, so haben meine Eltern in der Bank gezittert, wenn sie mich bei meinem Dienst beobachteten. Ein Messdiener hatte daran schwer zu tragen. Das Altartuch, die Kerzenständer und sogar das Kreuz wurden abgeräumt. Die Aktion erinnerte an Gründonnerstag nach der Abendmahlfeier; indem da der Altarraum leer geräumt wird, bereitet man alles für den Karfreitag vor. Grabesstille und Friedhofsatmosphäre bestimmen die Nacht von Gründonnerstag auf Karfreitag. An diesem Abend herrschte dagegen eine fröhliche Stimmung. Nichts deutete auf Trauer oder Schwermut hin, im Gegenteil, fast ausgelassen räumten die Kapläne alles scheinbar Überflüssige weg. Der nächste Sonntag verhieß den Anbruch einer neuen Zeit, die von den Kaplänen sehnsüchtig erwartet wurde. Wie befreit ließen sie sich durch nichts aufhalten. Die gütige Autorität des alten Pfarrers brachte alles in die Ordnung der Kirche. Er atmete tief und befreit durch.

– »Über vierzig Jahre habe ich mich gequält. Über vierzig Jahre feierte ich den Gottesdienst mit Angst. So sind wir im Priesterseminar erzogen worden. Es ging nur um die Vorschriften. Liturgie schien nur eine Anhäufung von Rubriken zu sein, und wehe, sie wurden nicht eingehalten. Der Regens hielt uns dazu an, die richtigen Worte zu sprechen, Hände, Arme und Kopf korrekt zu bewegen.«

– »Auch die Füße«, lachten die Hilfsgeistlichen.

– »Ihr übertreibt, die Füße blieben verschont. Doch ein Mitbruder, mit dem ich geweiht worden bin, hatte in das Missale kleine Zeichen eingetragen. Wie die Flaggenzeichen in der Seefahrt. Vor der Primiz fürchtete er, etwas falsch zu machen. Panische Angst beherrschte ihn. Der Vollzug entschied über Wirksamkeit oder Unwirksamkeit. Da sich alles darauf konzentrierte, geriet er in Gewissensnot. Bei ihm war es noch harmlos. Ich kenne richtige Skrupelanten. Sie kamen über die Wandlungsworte nicht hinaus. So entstand der fatale Eindruck, der Mensch müsse vor Gott alles genau richtig machen und jede Vorschrift einhalten. Ich hoffe jetzt auf ein wenig Freiheit. Vielleicht darf ich den Rest meiner Priesterjahre mit einem befreiten Herzen die Messe feiern.«
– »Herz brauchen die Gemeinden, Herz und Verstand«, die Kapläne sprachen selten so einmütig, »und ein wenig Freiheit brauchen wir alle. Heraus aus dem Käfig der Rubriken! Gott ist kein Ritualist.«
Ohne zu begreifen, spürte ich, dass Freiheit das Zauberwort zu sein schien. Nicht nur die jungen Kapläne, sogar der alte Pfarrer sehnte sich danach. Ich wunderte mich über den greisen Mann. Mit ungeheurer Energie unterstützte er die Kapläne, ohne den Überblick zu verlieren. Seine dunklen Augen waren weit geöffnet, und in ihrem Blick strahlte eine Jugendlichkeit, die ich einem 80-jährigen Priester nicht zugetraut hätte. Irgendwie schien es mir, als wolle er noch einmal anfangen, seine Jahre zurückdrehen, um mit der wiedergewonnenen Freiheit Priester zu sein. Im Nachhinein tut er mir leid, weil ich die Last spürte, die er jahrzehntelang auf seinen Schultern getragen hatte. Als Menschenfreund hätte er es gerne anders gehabt, um unabhängig von den Vor-

schriften mit den Menschen fühlen zu können und sie nicht direkt einzugrenzen. Freiheit jedoch war der katholischen Kirche verdächtig, mindestens seit Martin Luther von der Freiheit eines Christenmenschen gesprochen hatte. Die Auswüchse der Französischen Revolution hatten den Verdacht verstärkt, dass Freiheit mit Zügellosigkeit und Gewalt einherging. Freiheit war modernistisches Gedankengut, und im Antimodernisteneid, den jeder Priester zu schwören hatte, wurde jedes Freiheitsstreben unterdrückt. Erst Papst Paul VI. hat ihn 1967 aufgehoben, so dass ich bei meiner Priesterweihe von dieser Last befreit war.

Überhaupt forderten in den 60er Jahren des vergangenen Jahrhunderts viele Menschen Freiheit von verstaubten Ordnungen, von dem Mief und dem Staub unter den Talaren. Das II. Vatikanische Konzil öffnete die Schleusen für ein neues Freiheitsverständnis in der Kirche. Zum ersten Mal in der Kirchengeschichte verabschiedete ein Konzil eine offizielle Erklärung zur Religionsfreiheit. Toleranz im Umgang mit anderen Überzeugungen galt bis dato als Schimpfwort. Von dem neuen Denken profitierte die Liturgiereform. Ein wenig Freiheit für die Gemeinde und ihren Gottesdienst schien plötzlich möglich. Nach wie vor musste der weltkirchliche Kontext gewahrt bleiben. Jedoch entdeckte das Konzil Spielräume, die im Gottesdienst aufatmen ließen. Die heutige Liturgie bietet die Chance, an verschiedenen Stellen mit eigenen Worten die Situation der Menschen zu treffen. Sie lädt dann geradezu ein, sich nicht vorformulierten Texten zu überlassen, sondern jeweils neu zu formulieren. Und alles ist legitim, entspricht der liturgischen Vorschrift.

In meinen 37 Priesterjahren hat mir die kleine liturgische Freiheit geholfen, die Eucharistie gerne zu feiern. Durch sie fühle ich mich ernst genommen und vor allen Dingen angenommen. Dabei ist sie etwas anderes als Formlosigkeit. Gott überlässt sich meiner Freiheit. Er ist konsequent. Schließlich hat er mich als freien Menschen geschaffen. Deshalb vertraut er mir, dass ich die mir geschenkte Freiheit in seinem Sinn ausfülle. Sein Vertrauen gilt für mein alltägliches Leben und für die Liturgie. Ich kenne die liturgischen Vorschriften, ich akzeptiere ihre Hilfe, aber gleichzeitig hat mir das Konzil die Angst genommen, mehr der Vorschrift als Gott unterworfen zu sein. Inzwischen, mehr als vierzig Jahre nach dem Konzil, misstrauen einige Gruppen in unserer Kirche der liturgischen Freiheit. Doch unter Druck lässt sich nicht Gottesdienst feiern. Ich gebe zu, es ist schwer, die Balance zwischen Freiheit und Bindung zu halten. Aber mit dem Zwang, den ich an meinem Heimatpfarrer erlebt habe, möchte ich nicht glauben und leben.

»In den Dingen, die den Glauben oder das Allgemeinwohl nicht betreffen, wünscht die Kirche nicht eine starre Einheitlichkeit der Form zur Pflicht zu machen, nicht einmal in ihrem Gottesdienst; im Gegenteil pflegt und fördert sie das glanzvolle geistige Erbe der verschiedenen Stämme und Völker« (SC 37).

6. Wort
Du hast Worte ewigen Lebens

An einem Ostermontag feierte mein ergrauter Pfarrer mit seinen beiden Kaplänen ein Hochamt. Wir Messdiener standen auf den Stufen zum Hochaltar streng geordnet. Zuerst das Weihrauchfass, dann der Altardienst und zum Schluss die vielen Kerzenträger. Zum Evangelium verließ der Dechant den Altar und stieg behände auf die hohe Kanzel. Die Weihrauchträger hechteten hinterher. Mit brüchiger Stimme sang mein Pastor:
– »Dominus vobiscum.«
– »Et cum spiritu tuo!« Eine Weihrauchwolke zog in die Kuppel, nachdem sie das Evangelienbuch umhüllt hatte.
– »Sequentia sancti Evangelii secundum Lucam.«
– »Gloria tibi Domine.« Dann sprach der alte Herr überraschend Deutsch.
– »Heute ist Ostermontag. Wie jedes Jahr wird das Emmausevangelium in der Messe gelesen. Es ist sehr lang. Ich kenne es. Also brauche ich es heute nicht zu lesen.« Noch bevor er das letzte Wort gesagt hatte, schlug er das Buch zu, drehte sich um, gab den Weihrauchträgern ein Zeichen und verschwand von der Kanzel. Von einer Predigt keine Spur. Das Hochamt lief weiter.
Damals habe ich unseren Pastor bewundert. Wie gut hatte er gelernt, dem Druck der strengen Vorschriften zu entgehen, dachte ich. Erst viel später begriff ich, dass sich seine Freiheit auf das Evangelium und die Predigt bezog. Nur mit ihnen konnte er spielen. Die Bibel und ihre Auslegung besaßen vor dem Konzil im katholischen

Gottesdienst einen ganz geringen Stellenwert. Beide behandelte die Liturgie wie schmückendes Beiwerk, das letztlich überflüssig war. Darauf konnten die Zelebranten auch verzichten. Wahrscheinlich drohte ihnen noch nicht einmal eine Verwarnung durch den Bischof. Wesentlich in der hl. Messe war allein die Wandlung, alles andere baute sich um sie herum. Deshalb gehörten Evangelium und Predigt zur so genannten Vormesse. Bei ihr war es wie beim Vorprogramm im Kino, jeder versucht erst rechtzeitig zum Hauptfilm da zu sein. Was vorher läuft, findet kein Interesse. Genauso durfte man zu spät in die Messe kommen, Hauptsache man bekam die Wandlung mit. Wer sonntags die Vormesse versäumte, beging eine beichtfreie Sünde, wer aber bei der Wandlung nicht dabei war, musste eine schwere Sünde beichten. Die Predigt hatte noch schlechtere Karten. Predigt als Auslegung der Heiligen Schrift war, so schien es, ein protestantischer Brauch. In manchen Pfarrgemeinden wurde ihre Geringschätzung sichtbar ausgedrückt. Der Priester zog nach dem still gelesenen Evangelium das Messgewand aus und der Küster löschte die Altarkerzen, bevor auf der Kanzel, weit weg vom Altar, die Predigt begann. Oder grundsätzlich predigte ein anderer Priester als der Zelebrant, der in der Sakristei verschwand, um Brevier zu beten. Manchmal wurde sogar vor oder nach der Messe gepredigt.
Die Reformation ließ lange grüßen. In der Kontroverse um Wort und Sakrament hatte sich die katholische Kirche für das Sakrament entschieden. Die Wortfreude der evangelischen Kirche musste abgewehrt werden. Mochten die evangelischen Pfarrer noch so begeistert predigen, die katholischen Brüder feierten die Sakramente.

Insofern gab es vor dem Konzil in der Liturgie tatsächlich ein Vergessen der Bibel, das sich auch in der mangelnden Wertschätzung der Predigt ausdrückte. Einzig der Ritus des Sakramentes zählte.
Dagegen hat die Liturgiekonstitution endgültig geklärt, wie wichtig die Schrift für den Gottesdienst ist. Nach dem Konzil gibt es keine Sakramentenspendung mehr, die ohne eine Lesung aus der Heiligen Schrift gestaltet wird. Das Wort der Bibel ist wesentlicher Bestandteil der Liturgie. Von Vormesse spricht keiner mehr. Am Anfang der Eucharistie steht der Wortgottesdienst, der gewichtiger als ein Vorprogramm ist. Das Konzil hat eine Weisheit der Kirchenväter zitiert. In der hl. Messe werden zwei Tische gedeckt, der Tisch des Brotes und der Tisch des Wortes. Von beiden Tischen empfängt der Mensch lebensnotwendige Nahrung. Seit dem Konzil wird der Tisch des Wortes reich gedeckt. Vorher währte die gottesdienstliche Leseordnung ein Jahr, dann wiederholten sich die wenigen biblischen Texte. Innerhalb eines Jahres las man nur einen einzigen alttestamentlichen Text. Das Erste Testament, die Bibel der Juden, kam zu kurz. Inzwischen ist die Leseordnung auf drei Jahre ausgedehnt worden, und es tauchen inzwischen eine Menge alttestamentlicher Perikopen auf. Dadurch können die Gemeinden in ihren Sonntagsgottesdiensten den Reichtum der Heiligen Schrift hören. Um ihre Bedeutung zu unterstreichen, werden seit dem Konzil eigene Wortgottesfeiern gefördert. In ihnen steht die Bibel tatsächlich ganz im Mittelpunkt. Die Predigt, in einem solchen Fall durch Laien erlaubt, gehört dann mit auf den Tisch des Wortes.
Grundsätzlich gilt aber nach dem Konzil: Das Wort des

Lebens und das Brot des Heiles stärken und nähren gleichermaßen. Dabei sind Sakrament und Wort aufeinander bezogen. Das Wort schlägt eine Brücke zum Sakrament. In der Wandlung feiern wir, dass Christus da ist, im Evangelium hören wir, wie er da ist. In diese Richtung wird auch die Predigt neu gewertet. Die Neuorientierung des II. Vatikanischen Konzils verlangt neben der Schriftlesung die Auslegung. Deshalb wird die Predigtpflicht an Sonn- und Feiertagen verschärft und darauf hingewiesen, dass die Predigt auf jeden Fall in den Gottesdienst gehört. Sogar die Einrichtung des Altarraumes ist daraufhin verändert. Seit dem Konzil wird in der Nähe des Altars ein Lesepult aufgestellt. Es ist eine Erinnerung an die altkirchliche Tradition des Ambos, von dem aus der Diakon das Evangelium verkündete. Altar und Ambo gehören eng zusammen. Die meisten Prediger, bis auf wenige bischöfliche Ausnahmen, steigen nicht mehr auf die hohe Kanzel, die zu weit weg vom Altar steht. Indem sie vom Ambo aus predigen, verhindern sie ein Abkanzeln der Gemeinde. Auf diese Weise erlebt sie, wie kurz der Weg vom Wort zum Mahl ist. Dabei ist die Predigt keine verzichtbare Zutat, sondern notwendige Ergänzung der Heiligen Schrift in der Liturgie. Diese Sicht hatte Konsequenzen für die Gestaltung der Predigt. Nach meinem Eindruck sind die Predigten kürzer, biblischer und damit besser geworden. Sie beziehen sich viel öfter als früher auf die Heilige Schrift, was nicht verwunderlich ist. Wenn nämlich ein Bibeltext laut verlesen wird, verlangt er nach Deutung und Erklärung. Sowohl in der hl. Messe als auch in der Wortgottesfeier setzen sich viele Predigerinnen und Prediger ernsthaft mit Lesung und Evangelium auseinander, wodurch die Predigt

selbst nur gewinnt. Mir bleibt immer die vornehme Dame aus dem Münster im Gedächtnis, die ritengerecht zum Halleluja-Vers aufstand und zu einem Pfeiler schritt, an dem ein Lautsprecher hing. Genau dort verfolgte sie stehend, aber gut hörend das Evangelium und die Predigt. Danach setzte sie sich wieder. Ihr waren Evangelium und Predigt so wichtig, dass sie beide Ohren spitzte. Alles wollte sie mitbekommen. Die Orientierung der Liturgie an der Heiligen Schrift ist ein Geschenk des Konzils, das auf keinen Fall verschleudert werden darf.
Vor dem Konzil gab es zur Predigt in Priesterkreisen eine stehende Redewendung. Wer damals einen Pfarrer fragte: Was predigst du denn zu Weihnachten?, erhielt häufig die Antwort: Festum prädicat. Übersetzt bedeutet der Spruch so viel wie, dass das Fest und sein Ritus sich selber predigen. Zu Weihnachten oder zu Ostern bedürfe es keiner Predigt. Jedes Kind verstehe, was gemeint sei, wenn es der Liturgie genau folge. An den Hochfesten wurde nicht gepredigt. Eine Festpredigt lohnte sich bei der Fülle der Liturgie nicht. Als ich im Priesterseminar war, hatte ein Mitbruder noch immer diesen Spruch auf den Lippen. Zu Weihnachten und zu Ostern, wenn alle Seminaristen unter dem Stress der Predigtvorbereitung litten, behauptete er seelenruhig, bei ihm würde »der Festum« predigen. So habe er es mit dem Pastor abgesprochen. Nur mithilfe des Regens gelang es uns, ihn zu überzeugen, dass der kleine Festum während des Konzils gestorben sei. Er falle ein für alle Mal als Prediger aus.

»Von größtem Gewicht für die Liturgiefeier ist die Heilige Schrift. Aus ihr werden nämlich Lesungen vorgetragen und in der Homilie ausgedeutet, aus ihr werden Psalmen gesungen, unter ihrem Anhauch und Antrieb sind liturgische Gebete, Orationen und Gesänge geschaffen worden, und aus ihr empfangen Handlungen und Zeichen ihren Sinn. Um daher Erneuerung, Fortschritt und Anpassung der heiligen Liturgie voranzutreiben, muss jenes innige und lebendige Ergriffensein von der Heiligen Schrift gefördert werden, von dem die ehrwürdige Überlieferung östlicher und westlicher Riten zeugt« (SC 24).

7. Ökumene

Damit alle eins seien

Vor dem II. Vatikanischen Konzil hatte ich noch nie einen evangelischen Pfarrer leibhaftig gesehen. Herren in schwarzen Talaren waren für mich Richter und Rechtsanwälte, arbeitete mein Vater doch am Landgericht. Auf dem Gymnasium, das sich seines liberalen Geistes rühmte und auf dem die Zahl der evangelischen Mitschüler der Zahl der katholischen entsprach, unterrichteten evangelische Pfarrer, ökumenische Schulgottesdienste waren jedoch unbekannt.

Meines Wissens feiern Christinnen und Christen erst seit dem II. Vatikanischen Konzil bewusst ökumenische Gottesdienste. Mir war noch eingetrichtert worden, Katholiken sei es verboten, in einer evangelischen Kirche zu beten. Als Kind bin ich nie dorthin gekommen. In meiner Heimatstadt trugen sie für mich eigenartige Namen: Dreifaltigkeitskirche oder Martin-Luther-Haus. Damit konnte ich als katholisches Kind nichts anfangen. Evangelisch sein blieb für mich lange ein ungelöstes Rätsel. Heute sind ökumenische Gottesdienste Höhepunkte meiner liturgischen Praxis. Seitdem ich im priesterlichen Dienst bin, suche ich immer wieder Gelegenheiten, mit den evangelischen Geschwistern Gottesdienst zu feiern. Für mich sind sie eine zwingende Konsequenz der liturgischen Reform. Ohne die Liturgiekonstitution wäre ein gottesdienstliches Zusammengehen zwischen evangelischer und katholischer Kirche schwierig geblieben, obwohl es schon lange an der Zeit war.

Unabhängig von der theologischen Kontroverse fand ein evangelischer Gottesdienst keinen Anknüpfungspunkt an der vorkonziliaren Messe. Bis in den Ablauf und in die Sprache hinein war der Gegensatz spürbar. Beide Riten standen sich gegenüber, ohne dass hilfreiche Brückenpfeiler zu entdecken waren. Die Brücke sollte eben nicht gebaut werden. Die hl. Messe und das evangelische Abendmahl blieben unversöhnliche Gegner, nicht einmal verfeindete Geschwister.
Gut, dass es zu ersten Annäherungen gekommen ist. Zumindest wird durch die äußere Form deutlich, wie eng Abendmahl und Messe zusammenhängen, ja miteinander verwandt sind. Und wir besuchen Schwestern und Brüder. In ökumenische Gottesdienste gehe ich gerne, weil ich mich inzwischen in der ganzen Christenfamilie zu Hause fühle und trotz der Unterschiede die vielen Gemeinsamkeiten entdecke. Die Bibel kenne ich, Fürbitten um den Frieden in der Welt sind mir nicht fremd. Bin ich Gast in einem Abendmahlsgottesdienst, erwartet mich ein schwieriger Augenblick. Die Pfarrerin oder der Pfarrer lädt alle ein, mitzuessen und mitzutrinken. Natürlich kenne ich die Vorschriften der katholischen Kirche. Ich weiß, wie sie ihr Recht begründet. Die Einheit, die sie in der Eucharistie feiert, muss ihrer Meinung nach erst verwirklicht sein, bevor das Abendmahl gemeinsam begangen werden kann. Es geht ihr um die gemeinsame Zukunft. So weit die Lehre für den Kopf, in meinem Bauch empfinde ich ganz anders. Könnte Zukunft nicht schon Gegenwart sein? Warum bestimmt sie als Hoffnungszeichen nicht mein gegenwärtiges Handeln? Ich will mit meiner Kirche in die Zukunft gehen, ich will mich nicht zufriedengeben mit dem, was bisher

erreicht worden ist. Dankbar nehme ich es an, doch sehne ich mich nach der Abendmahlsgemeinschaft, die hoffentlich bald verwirklicht sein wird. Von dem, was ich erhoffe, kündet schon die Gegenwart. Ich bin eingeladen. Darf ich in der Bank sitzen bleiben, ohne vom Lebensbrot zu kosten und aus dem Kelch des Segens zu trinken? Darf man bei einem Herrenmahl nur zuschauen? Als katholischer Pfarrer muss ich sitzen bleiben. Am liebsten würde ich voll Trauer protestieren und ein Transparent hochhalten: »Ich habe Hunger. Mir ist verboten, mitzuessen.« Alle sollen wissen, dass ich meinen Hunger nicht stillen darf, obwohl der Tisch reichlich gedeckt ist. In diesen Minuten verstehe ich, weshalb die Mühe um das gemeinsame Abendmahl so kostbar ist! Die ökumenischen Gottesdienste sind der erste Schritt, der die Richtung vorgibt. Das II. Vatikanische Konzil hat mir dafür die Augen geöffnet. Ohne Liturgiereform hätte ich die Zusammenhänge gar nicht so schnell erkannt. Wie froh bin ich über die Öffnung des II. Vatikanischen Konzils, wie dankbar, wieder das Herrenmahl in der Messe entdeckt zu haben!

Gott sei Dank, das Tischgebet sprechen wir alle schon gemeinsam. Die Liturgiereform hat es der Gemeinde zurückgeschenkt. Sobald der Priester dazu einlädt, beginnt die Gemeinde mit dem Gebet, das wir Jesus Christus selbst verdanken. Vollen Herzens stimme ich jedes Mal in das »Vater unser« ein. Es ist für mich ein erhebender Augenblick, zusammen mit einer evangelischen Gemeinde unseren himmlischen Vater anzusprechen. Nicht nur die evangelischen, auch die orthodoxen Christen beten es mit. Keine Kirche schließt sich aus. Im Vater unser sind sie alle vereint. Durch die Reform kam nach

dem Vater unser ein traditionsreicher Zusatz in die Liturgie hinein, der bewusst das ökumenische Anliegen aufgreift: »Denn dein ist das Reich und die Kraft und die Herrlichkeit in Ewigkeit. Amen.«
Früher dachte ich, der Spruch sei der Abschluss des Vater unser in der evangelischen Kirche. Inzwischen habe ich mich schlau gemacht. Auch die orthodoxe Liturgie kennt den Schluss und hängt ihn direkt an das Vater unser an, nur dass der Pope ihn alleine betet. Ob nun alle zusammen oder einer alleine, das Vater unser ist mit dem neuen Schluss in der Eucharistie zum ökumenischen Gebet schlechthin geworden. Orthodoxe, evangelische und katholische Kirche wissen um seine einheitstiftende Kraft. Danke dem Konzil für den ökumenischen Fortschritt!
Übrigens, inzwischen dürfen wir Katholiken dank des Konzils auch aus dem Kelch trinken. Wie heftig hatten sich die Kirchen über den Laienkelch gestritten. Wie wohltuend ist jetzt das Angebot für mich und die Ökumene!

»Das Heilige Konzil hat sich zum Ziel gesetzt, das christliche Leben unter den Gläubigen mehr und mehr zu vertiefen, die dem Wechsel unterworfenen Einrichtungen den Notwendigkeiten unseres Zeitalters besser anzupassen, zu fördern, was zur Einheit aller, die an Christus glauben, beitragen kann ...« (SC 1).

8. Dienst

Gott hat viel zu tun

Er steht bei mir auf dem Küchenschrank. Seit 37 Jahren begleitet er mich. Er ist eine Handpuppe, mittlerweile verstaubt, weil die Jahre ihm zugesetzt haben. Alt geworden, sieht er nicht mehr so frisch aus wie am Anfang unserer gemeinsamen Zeit. Trotzdem leuchtet nach wie vor sein hellblondes Haar. Obwohl ich kein Puppenspieler bin, hat er bei mir Wohnrecht auf Lebenszeit. Seine Knollennase, sein kräftiger Schnurrbart und seine aufmerksamen Augen sind mir vertraut, weil ich ihn oft angeschaut habe. Bekleidet mit einer grünen Schürze, trägt er die rote Schirmmütze schräg auf dem Kopf. Ein lustiger Kauz, ein Dienstmann, wie er im alten Wien anzutreffen war. Zumindest stelle ich mir so einen Wiener Dienstmann vor.

Am 25. Februar 1973 feierte ich in meiner Heimatkirche die erste hl. Messe, nachdem mich einen Tag vorher mein Bischof zum Priester geweiht hatte. In der euphorischen Zeit des II. Vatikanischen Konzils hatte ich studiert, im Konzilsgeist wollte ich Priester sein. Mit meinen Kurskollegen hatte ich manche Nacht durchdiskutiert. Wie soll eine Primizfeier nachkonziliar aussehen? Geht es tatsächlich nur um den Neupriester oder spielt die Gemeinde auch eine Rolle? Wie kommt Gott in einer Primiz vor? Als Messdiener hatte ich einige solcher Feiern erlebt. Sie waren die eigenartige Verherrlichung eines jungen Mannes. Was er noch mit den Menschen in einer Gemeinde zu tun hatte, kam im Festablauf gar nicht mehr vor. Hochwürden wurde gefeiert. So wollte ich es auf keinen Fall, und es passte auch nicht mehr. Das Konzil hatte die Gemeinde als priesterliches Volk wiederentdeckt. Auf jeden Fall wollten wir Primizianten die Gemeinde mitbeteiligen. Hehre Ideale hatten wir im Kopf. Schon früh hatte ich mich dafür entschieden, zur ersten hl. Messe keinen Festprediger einzuladen. Weihe bedeutete liturgisch für mich einen doppelten Auftrag: Sakramente spenden und Evangelium verkünden. Mit einem Festprediger hätte ich mir manchen Stress erspart. Aber mit ihm wären Wort und Sakrament so wie früher getrennt worden. Als Festevangelium suchte ich mir die Geschichte von den Brüdern Jakobus und Johannes aus, die im Reich Gottes auf den Ehrenplätzen rechts und links neben Jesus sitzen wollten. Die anderen Jünger werden böse, weil sich die beiden solch eine Frechheit herausnehmen. Jesus belehrt sie: »Wer bei euch groß sein will, der soll euer Diener sein, und wer bei euch der Erste sein will, soll der Sklave aller sein.« Statt über den priesterlichen Dienst zu meditieren, war ich in den Weiheexerzitien mit der Predigtvorbereitung beschäftigt. Ich hatte Angst, großartige Lippenbekenntnisse abzulegen, die der kirchlichen Wirklichkeit nicht standhielten.

Vor kurzem fand ich den Stichwortzettel meiner Primizpredigt. Sie war sicher kein Glanzstück an Predigt, aber unterschreiben kann ich bis heute jedes Wort. Auf jeden Fall gelang es mir, die Predigt ohne Steckenbleiben zu beenden. Ich predigte ungefähr so: Für Jesus gilt in seiner Gemeinde ein neues Grundgesetz, das er von Gott, seinem Vater, übernimmt. Die Größe der Jünger besteht in ihrem Dienst. In einer christlichen Gemeinde wird das Dienstprinzip verwirklicht. Größe vor Gott und den Menschen er-dient man sich. Hallo Dienstmann, hallo Dienstfrau, auf diese Zurufe reagieren Christinnen und Christen. Wenn ich heute das Manuskript lese, klingt es stimmig, trotzdem sehr moralisch. Moralisch war die Predigt, weil die menschliche Leistung und nicht Gott und sein Dienst im Vordergrund standen.

Im Lauf meiner Berufsjahre habe ich die Zweipoligkeit des liturgischen Dienstes erkannt. Zunächst denkt man an den Dienst, den die Gemeinde Gott schuldet. Sie fühlt sich verpflichtet, ihm zu danken. Genauso gibt es Gründe, ihn zu bitten. Nach diesem Verständnis kommen Christinnen und Christen im Gottesdienst zusammen, um ihre Pflicht zu erfüllen. Sonntag für Sonntag haben sie Gott die Ehre zu geben.

Diese Sicht von Dienst war vorkonziliar prägend. Wenn ich als Kind freiwillig in die hl. Messe ging, tat ich es, um dem lieben Gott zu gefallen. Zum Beispiel »opferte« ich das Aufstehen zur Frühmesse, um eine gute Zensur in der Englisch-Arbeit zu bekommen. Mein Gottesdienst verlangte nach einer göttlichen Belohnung. Inzwischen weiß ich, dass dieses Denken einseitig ist. (Außerdem funktionierte das Lohnsystem bei Englisch-Arbeiten meistens nicht.)

Durch die Liturgiereform wurde der wichtigere Akzent des Gottes-dienstes wiederentdeckt. Nicht der Mensch dient Gott, sondern Gott dient dem Menschen. Sein Dienst steht an erster Stelle. Weil er uns zuerst gedient hat, können wir ihm dienen. Gottes Tun ruft nach dem Dank des Menschen in der Liturgie. Sie lobt Gott nicht, weil sie ihn loben muss. Ihr Lob ist eine Folge aus seinem Handeln. Gott steigt zum Menschen hinunter, damit er zu Gott hinaufsteigen kann. Allein schon durch die räumliche Neuausrichtung der Eucharistiefeier wird sichtbar, wie Gott in die Gemeinschaft der Menschen kommt. Vor dem Konzil wurde der Aufstieg des Menschen zu Gott betont, jetzt wird der Abstieg Gottes stark herausgestellt. »Du bedarfst nicht unseres Lobes, es ist ein Geschenk deiner Gnade, dass wir dir danken«, heißt es in einem nachkonziliaren Hochgebet. Zuerst ist Gott bei uns, dann können wir zu ihm. Ja, es ist wirklich ein Geschenk des Konzils, uns den Dienstcharakter der Liturgie neu aufgeschlüsselt zu haben. In jeder hl. Messe dient Gott uns, und die Gemeinde kann nur staunend danken. Das ist dann ihr Dienst.

Ein paar Tage nach der Primiz besuchte ich auf Wunsch des Pfarrers die Hauskranken der Heimatgemeinde. Ich sollte ihnen den Primizsegen bringen. Mit einer Frau, die ans Bett gefesselt war, kam ich länger ins Gespräch. Sie erzählte von ihrer Krankengeschichte und wie eingeschränkt sie leben müsse. Als ich sie segnen wollte, unterbrach sie mich: »Ich habe von meiner Tochter gehört, was Sie zu Ihrer Primiz gepredigt haben.« Damit hatte ich nicht gerechnet. Dann zog die Kranke hinter ihrem Bett eine Handpuppe hervor, einen kleinen Wiener Dienstmann. »Den möchte ich Ihnen schenken. Erinnern Sie sich immer daran, was Sie gepredigt haben. Bleiben Sie ein Dienstmann Gottes.« Mit leuchtenden Augen überreichte sie mir den Kerl, der mich bis heute begleitet. Ohne den Dienstmann hätte ich vielleicht meine Primizpredigt vergessen. Jeden Tag erinnert er mich daran. Manchmal bekomme ich ein schlechtes Gewissen, wenn mich der Dienstmann auf meinem Küchenschrank ermahnen muss. Dann winkt die Moral mit ihrem Zeigefinger. Gleichzeitig bin ich erleichtert, weil nichts von meinem Dienst abhängt. Gott ist der Dienstmann, die Dienstfrau für alle Menschen. Auf diese Weise wird sogar meine Handpuppe für mich zu einem Andachtsbild.

»In der Liturgie, besonders im heiligen Opfer der Eucharistie, ›vollzieht sich‹ nämlich ›das Werk unserer Erlösung‹ … Dabei baut die Liturgie täglich die, welche drinnen sind, zum heiligen Tempel im Herrn auf, zur Wohnung Gottes im Geist bis zum Maße des Vollalters Christi. Zugleich stärkt sie wunderbar deren Kräfte, dass sie Christus verkünden« (SC 2).

9. Dienste
Für alle etwas

Nichts gegen die alten Hochämter. Als Messdiener habe ich sie kennengelernt. Vorbereitet durch die strenge Lateinschule des Kaplans, probte ich meine ersten Schritte als Kerzenträger auf den Stufen des Hochaltars. Ich war stolz, als ich zum ersten Mal in Reih und Glied mit den anderen aufgestellt wurde. Wir bildeten eine Speerspitze, die zum Himmel zeigte. Zu tun hatten wir wenig, wir schleppten nur die Kerzenleuchter hin und her. Zum Evangelium wurden sie geholt und danach sofort weggebracht. Erst zur Wandlung brauchten wir sie wieder. Ich stand und stand und hatte viel Zeit zu beobachten. Vorne am Altar hatten sich die Kapläne und der alte Pfarrer aufgebaut – nicht auf einer Linie nebeneinander, sondern hintereinandergeordnet, zuerst der Pfarrer auf der obersten Stufe, dann der älteste Kaplan und unten, aber lange nicht so tief unten wie die Messdiener, der jüngste Kaplan. Die beiden übernahmen in dem Spiel ihre Rollen: Diakon und Subdiakon. Die Hierarchie stimmte. Alles lief ab, wie es wahrscheinlich schon jahrhundertelang abgelaufen war. Ab und zu hörte ich den Pfarrer zischen: Weihrauch! Wie gern hätte ich als Anfänger das Weihrauchfass geschwenkt! Es schien eine Freude zu sein, die Priesterschaft einzunebeln. Die Gemeinde saß, stand oder kniete in den Bänken, abgeschottet durch die Kommunionbank.
In einem solchen Hochamt gaben die drei vom Altar den Ton an. Selbst die älteren Messdiener leisteten nur Zu-

bringerdienste. Entscheidend waren der Pfarrer und seine beiden Kapläne. Sie agierten und steuerten. Alle anderen hatten zu folgen. Dabei gab es kaum Gelegenheiten zu folgen. Was sollte die Gemeinde tun? Sie blieb aus dem Altarraum verbannt. Die meisten ergaben sich geduldig und passiv in ihre schweigende Rolle. Manche Frauen waren aufmüpfig, indem sie ihren Rosenkranz herausgeholt hatten. Sie wollten wenigstens beten. Betend protestierten sie gegen eine Liturgie, die nur Angelegenheit der Priester war. Bereits Papst Pius X. (1903–1914) war der Missstand aufgefallen: »Ihr sollt nicht in der Messe beten, ihr sollt die Messe beten«, hatte er den Frauen zugerufen. Trotzdem feierten die Priester weiter alleine Gottesdienst. Sie beteten oder sangen alle Messtexte. Die Gemeinde wurde zwar nicht ausgeschlossen – die Kirchentüren blieben offen –, aber sie war niemals herzlich eingeladen, sich in irgendeiner Form zu beteiligen. Höchstens durfte sie ein paar Sätze lateinisch antworten oder die Choräle mitsummen. Wir Messdiener waren schon privilegiert, weil wir uns im Altarraum bewegen durften. Gerne verkleideten wir uns deswegen wie Priesterchen. Die kleinen »Priester« hatten zu helfen, dass die großen Priester ihren Dienst würdig vollziehen konnten.

Seit dem II. Vatikanischen Konzil sieht das Bild der Liturgie anders aus. Kapläne sind in Deutschland ausgestorben, und das Amt des Subdiakons ist ganz verschwunden. Dafür hat das Konzil verheiratete Diakone eingeführt, die in der Eucharistie ihren Dienst versehen. Dennoch gehören dreiherrige Hochämter in einer Pfarrkirche der Geschichte an. Was vor dem Konzil wirklich undenkbar war – jetzt tauchen selbstbewusst Gemeindemitglieder im Chorraum auf. Und sie nehmen zu Recht

in der hl. Messe liturgische Aufgaben wahr. Der eine liest die Lesung, die andere spricht die Fürbitten. Nach dem Friedensgruß treten Frauen und Männer nach vorne, um zusammen mit dem Priester die hl. Kommunion auszuteilen.
Die Liturgiereform des Konzils hat die Priesterfixierung in der hl. Messe aufgegeben. Gottesdienst ist eine Gemeindeangelegenheit, in der alle Gemeindemitglieder eine Rolle spielen. Zuständig für die Liturgie ist die ganze Gemeinde, nicht nur der Priester. Wenn eine Gemeinde den Priester am Altar alleine lässt, entzieht sie sich einer gemeinschaftlichen Aufgabe. Alle sind am liturgischen Fest beteiligt. Vorbereitet hatte die Entwicklung in Deutschland und Österreich eine Gruppe von Liturgiebegeisterten, die Anfang und Mitte des 20. Jahrhunderts auf die Defizite im Gottesdienst aufmerksam machte. Schon vor dem Konzil ließ unser betagter Pastor manchmal die Messtexte auf Deutsch verlesen. Aber alles verlief doppelzüngig. Während er am Altar das Evangelium auf Latein las, säuselte auf der Orgelbühne ein Mädchen die deutsche Übersetzung. Der Standort allein signalisierte, dass die deutsche Lesung kein liturgischer Dienst war. In der hl. Messe dienten nur der Priester und andere Geweihte. Das einfache Volk hatte für ihren Dienst dankbar zu sein. Das II. Vatikanische Konzil legte dagegen fest, dass die Eucharistie ein Dienst der ganzen Gemeinde ist. Der Priester spielt zwar nach wie vor eine entscheidende Rolle, aber er ist nicht mehr der allein Verantwortliche. Die Gemeinde ist beteiligt, und sie hat ihren Teil kompetent zu tun. Der Dienst wird auf allen Schultern verteilt. Die Gemeindemitglieder übernehmen ihre Rollen, die ihnen liturgisch zukommen. Wenn die

Gemeinde singt, hat der Priester mit einzustimmen oder zuzuhören. Participatio actuosa, tätige Teilnahme, heißt das Stichwort des Konzils. Es bedeutet, dass die Zeit des passiven Gottesdienstbesuchs vorbei ist. Alle nehmen aktiv am liturgischen Geschehen teil. Aus *einem* Dienst werden in der Messfeier *viele* Dienste.
Aus diesem Grund änderte sich das Bild der Eucharistie und des Gottesdienstes überhaupt. Wie selbstverständlich müssen neben dem Priester Lektorinnen und Lektoren, Fürbittsprecherinnen und Fürbittsprecher, Kommunionausteilerinnen und Kommunionausteiler auftreten. Wenn ich in meinem Urlaub in einer fremden Gemeinde Gottesdienst mitfeiere, beobachte ich genau, wer am Altar mitmacht. Denn es ist vom Erleben her ein Unterschied, ob nur der Zelebrant oder auch andere mit ihm gemeinsam am Altar stehen. Ich zähle, wie viele unterschiedliche Personen aus der Gemeinde dabei sind. Eine Kantorin, die die Gesänge anstimmt, ein Lektor für die erste Lesung, eine Lektorin für die zweite Lesung, vier Fürbittsprecher, drei Kommunionausteilerinnen und dazu zwei Kollektanten verraten eine andere Gottesdienstidee, als wenn der Priester anstimmt und alle Lesungen und alle Fürbitten alleine vorträgt. Je mehr eine Gemeinde den liturgischen Dienst verteilt hat, desto mehr hat sie den Geist der Liturgiereform verstanden und desto lebendiger sind sie und ihr Gottesdienst. Es mag noch immer Gemeindemitglieder geben, die gerne still und schweigend in der Bank sitzen. Das neue Verständnis der Liturgie wird sie stören. Stillschweigen ist nämlich kein liturgischer Dienst. Jeder Dienst in der Messe hat seinen eigenen Charakter und seine je eigene Aufgabe. Sie darf ihm von keinem anderen genommen

werden. Selbst der Priester hat sich zurückzuhalten. So ohne weiteres kann er keinen Lektor ersetzen. Nichts läuft mehr zweigleisig. Wenn der Lektor die Lesung vorgelesen hat, dann ist sie vorgetragen. Damit hat der Lektor seinen Dienst und seine Würde. Um der größtmöglichen Beteiligung willen verteilt sich der eine Dienst auf die vielen Dienste.

Während meines Urlaubs in einem Dorf in Südfrankreich wollte ich die Sonntagsmesse mitfeiern. Ich hatte eben erst mein Hotelzimmer bezogen, als das Läuten der Glocken mich freundlich einlud. Ich ließ also den Koffer stehen und brach sofort auf. Als ich die schattige Kirche betrat, wurde ich von einer jungen Frau angesprochen. Leider verstand ich nicht, was sie wollte. Dafür war mein Französisch zu dürftig. Trotzdem bekam ich ihren Wunsch heraus. Sie fragte mich, ob ich in der hl. Messe die Lesung übernehmen könne. Das Lektionar hatte sie schon aufgeschlagen. Mühsam versuchte ich zu antworten. »Ich bin Deutscher, ich kann keine französischen Texte lesen«, stammelte ich. Wie gern hätte ich mich für das Angebot bedankt. Wenn ich auch weiß, dass ein Lektor sich sorgfältig auf eine Lesung vorbereiten sollte, in diesem Moment war ich von der Gastfreundschaft und dem Liturgieverständnis der Gemeinde angetan. Sie entsprach genau dem, was das II. Vatikanische Konzil beabsichtigte. Die liturgischen Aufgaben werden aufgeteilt und sogar Fremde miteinbezogen.

»Bei den liturgischen Feiern soll jeder, sei er Liturge oder Gläubiger, in der Ausübung seiner Aufgabe nur das und all das tun, was ihm aus der Natur der Sache und gemäß den liturgischen Regeln zukommt« (SC 28).

10. Tisch

Nehmt und esst

Die jährliche Osterkommunion war an der Reihe. Wie es Kirchengebot war, gingen meine Eltern einmal im Jahr kommunizieren. Sie mussten, nicht: sie durften. Damit sie aber müssen durften, war vorher beichten angesagt. Ohne Beichte keine Kommunion, dieser Zusammenhang war in jedem katholischen Kopf fest verankert. Nur aus diesem Grund suchten meine Eltern nach einer Beichtgelegenheit, so wie die vielen anderen, die die Lossprechung erhofften. Um ihre österliche Pflicht zu erfüllen, gerieten sie wartend vor die Beichtstühle. Ob sie danach auch gerne zur Kommunion gingen, weiß ich nicht. Ich vermute, das Beichten verdarb meinen Eltern jede Vorfreude.

Dass Gott in Jesus Christus kommunizierte Liebe ist, wurde ihnen in jener Zeit nicht vermittelt. Dass Kommunion zur Gemeinschaft der Kommunizierenden führt, blieb ihnen fremd. Sie kommunizierten für sich alleine, wie sie eben alleine beichten gingen. Obwohl sie jeden Sonntag die hl. Messe besuchten, gingen sie nur einmal im Jahr zum Tisch des Herrn, und zwar zur österlichen Zeit. Für sie war der Altar kein Tisch und das konsekrierte Brot kein Essen, es war Kommunizieren, heilige Kommunion. Essen als heilige Handlung zu bezeichnen, auf diese Idee wären weder mein Vater noch meine Mutter gekommen. Sie hielten viel von der Messe, jedoch wurde sie für sie nie zu einem Mahl. Ein Miteinander mit denen, die in ihrer Bank saßen, war jenseits ihrer Vorstellung. Alle schauten nach vorne, jeder für sich, ohne einen Blick auf den Nachbarn oder die Nachbarin zu werfen.

Das II. Vatikanische Konzil ging zunächst spurlos an meinen Eltern vorbei. Sie kommunizierten danach weiter einsam. Aber nach und nach merkte ich, wie sich ihre Einstellung änderte. Plötzlich suchten wir vor Weihnachten eine Beichtmöglichkeit. Weihnachten wurde ein zusätzlicher Anlass, um zu kommunizieren. Aus Pflichterfüllung wurde langsam freie Entscheidung. Weihnachten erlebten sie eine Kommunion, die keine Vorschrift erzwang. Ich weiß nicht, ob meinen Eltern dieser Schritt leichtgefallen ist. Auf jeden Fall öffneten sie sich. Dabei half ihnen später der Bußgottesdienst, der nach dem Konzil in manchen Kirchen eingeführt wurde. Mein Vater verfolgte die Terminankündigungen in den Zeitungen und hatte schnell verstanden, wo ohne Warteschlangen angeblich genauso wie in der Beichte die Sünden vergeben würden. Ihre schlichte Theologie half ihnen, in der Messfeier einen richtigen Schritt zu tun.

»Nehmt und esst!« So hatte es immer geheißen, so hieß es auch jetzt noch, und so wird es zukünftig heißen, solange sich Christinnen und Christen zum Abendmahl zusammenfinden. Diese Einladung wird nie aufgehoben. Ohne die Theologie zu bemühen, ist es selbstverständlich, dass es Jesus in der Messe um das Essen aller geht. Jeder und jede sollte sich eingeladen fühlen, an den Tisch des Herrn zu treten. Dadurch dass meine Eltern öfters kommunizierten, lernten sie in der hl. Messe nach rechts und nach links zu schauen. Wer isst mit? In der Konsequenz des Konzils gelangten sie dazu, endlich gemeinsam zu essen.

Die Frage nach Würdigkeit oder besser nach Unwürdigkeit des Menschen spricht das Konzil nicht an. Auch ich verharmlose sie nicht. Aber hat Jesus nicht Judas die heilige Kommunion gereicht? Die Bibelwissenschaftler streiten bis heute darüber. Auf jeden Fall gibt es gute Gründe, die Tradition der Judaskommunion ernst zu nehmen. In der bildenden Kunst taucht sie häufiger auf. Jesus wusste um die Schuld des Judas und offenbarte sie allen, die am Tisch saßen. Trotzdem galt seine Einladung nach wie vor. Ob Judas sie angenommen hat, bleibt unklar.

Vielleicht heilt das gemeinsame Essen sogar und führt den Menschen von der Unwürde zur Würde. Das II. Vatikanische Konzil hat den Weg zum Abendmahlstisch auf jeden Fall gefördert. Wenn Papst Benedikt XVI. darauf hinweist, dass es um mehr als nur das Essen geht, hat er Recht. Die Tradition spricht vom Messopfer und nennt das verwandelte Brot die Opfergabe. Deshalb verlangt es nach besonderem Umgang. Auf einem Fresko in den Sälen der Vatikanischen Museen stellt Raffael Kirchenväter und Bischöfe dar, wie sie vor einer Monstranz in die Knie gehen. Sie verehren die Opfergabe, das Allerheiligste. Vielleicht hat Benedikt dieses Bild im Kopf. Er bedauert nämlich, dass die Verehrung der Eucharistie fast verschwunden ist. Böse Zungen geben wieder einmal dem Konzil Schuld. Dabei hatte ein schon genannter Vorgänger von Benedikt XVI., der gestrenge und konservative Papst Pius X., eine Entwicklung angestoßen, die zur heutigen Praxis führte. Ihm ging es um die häufige Kommunion. Die Menschen sollten gemeinsam essen, und zwar nicht nur einmal im Jahr, sondern immer, wenn sie die Messe andächtig mitfeierten. Durch

Pius X. geriet das gemeinsame Essen der heiligen Gabe wieder in den Blick. Brot ist eben kein Anschauungsobjekt, Brot ist eine Speise. Folglich ist Jesus Christus als Brot Speise. Davon spricht auch das Johannesevangelium, das sehr tief die Wandlung durchdenkt. Mit Pius X. wurde der Tisch wieder für alle Mitfeiernden gedeckt. Das Konzil hat die Decke auf dem Tisch gelassen.
Es ist für eine christliche Gemeinde heilsam, wenn sich möglichst viele eingeladen wissen. Vor dem Konzil hatte man den Eindruck, dass nur die Superfrommen kommunizierten. Die Massen blieben der Kommunionbank fern. Angst lud sie aus. Inzwischen haben ihnen Papst Pius X. und das II. Vatikanische Konzil beigebracht, dass Angst in der hl. Messe keinen Platz hat. Angst macht nämlich traurig und einsam. Eucharistie dagegen erfreut und verschwistert.

»Mit Nachdruck wird jene vollkommenere Teilnahme an der Messe empfohlen, bei der die Gläubigen nach der Kommunion des Priesters aus derselben Opferfeier den Herrenleib entgegennehmen« (SC 55).

11. Hand

In des Menschen Hand

Zwei Jahre nach der Beendigung des II. Vatikanischen Konzils begann ich mein Theologiestudium. Das Konzil kam gerade in der Priesterausbildung an. Ohne dass ich es damals bewusst wahrnahm, erntete ich die ersten Früchte des Konzils. Zum Symbol wurde für uns Theologiestudenten der Konviktsschlüssel, den man uns gab. Zum ersten Mal durften Priesteramtskandidaten selbst entscheiden, ob sie abends das Theater besuchten. Die Selbstverständlichkeit, das eigene Leben in die Hand zu nehmen, entsprach dem konziliaren Geist in der Kirche. In der Konviktsgemeinschaft wurde viel diskutiert. Insofern waren auch die Theologiestudenten von der 68er-Zeit geprägt; so weltfremd waren sie nicht. Ein besonders heißes Thema beherrschte lange Zeit das Gespräch im Speisesaal, in den Fluren und auf dem Weg zur Uni: Der Bischof hatte seinen üblichen Semesterbesuch angesagt, der immer mit einer Messe verbunden wurde. Solch ein Gottesdienst wurde von Studenten vorbereitet. Ganz bewusst schlugen einige für die Bischofsmesse einen neuen Kommunionempfang vor. Wer kommunizieren wollte, sollte die Hostie auf die offene Hand gelegt bekommen. Ein paar Studenten wollten es ausprobieren. Sie wünschten sich, von der bis dahin üblichen Praxis abzuweichen. Sollte der Bischof darauf eingehen, wäre die Handkommunion ab dann im ganzen Bistum erlaubt. An Rom dachte keiner.

– »Tun wir es, ohne zu fragen, halten wir zur Kommunion die Hand hin, mal schauen, wie der Bischof reagiert. Er wird uns doch nicht die Kommunion verweigern«, plädierten die »Radikalen«.
Vielen ging der Vorschlag zu weit. Sie schlugen vor, vorher beim Bischof anzufragen. Der Streit spitzte sich zu, und die Inhalte blieben auf der Strecke: Was spricht für die Hand, was für den Mund als dem Ort der Gottesbegegnung? Auch die historischen Fragen wurden übergangen. Gab es die Praxis der Handkommunion schon früher einmal? Die Zeit wurde knapp, der Tag des Bischofsbesuches näherte sich. Auf dem Flur standen nach dem Mittagessen einige Studenten zusammen und hatten wieder nur ein Thema: Hand- oder Mundkommunion. In das Gespräch griff plötzlich der Studentenpfarrer ein. Wir hatten gar nicht bemerkt, wie er sich in die Runde eingeschlichen hatte. Normalerweise unterstützte er die Ideen der Studentenschaft, aber heute hielt er sich auffallend zurück. Dabei versuchte er, den Bischof in Schutz zu nehmen. Er könne nicht so, wie er vielleicht wolle, meinte der Seelsorger, im Zusammenhang mit der Weltkirche und in Abhängigkeit vom Vatikan habe der Oberhirte die verbindliche Ordnung einzuhalten.
– »Typisch deutsch«, schimpfte ein Student.
– »Nein, diesen Bruch riskiert der Bischof nicht, dafür müssen Sie Verständnis haben.« Der Bischof und sein Verhältnis zu Rom wurden Thema, Sinn und Zweck der Handkommunion standen nicht mehr zur Debatte.
Den Bischof haben wir übrigens in Ruhe gelassen. Die Provokation blieb aus. Damals wurde die Vorschrift eingehalten und die Priesteramtskandidaten kommunizierten mit dem Mund.

Viel, viel später habe ich den Wert der Handkommunion entdeckt. Sie hat sich, obwohl offiziell die außerordentliche Form der Kommunionspendung, in der deutschen Kirche mehrheitlich durchgesetzt. Beide Weisen werden praktiziert, und die wenigen Mundkommunikanten sind genauso zum Tisch des Herrn geladen wie die anderen. Aber die Handkommunion ist in Deutschland die Form geworden, bei der sich die meisten wohlfühlen.
Einmal beobachtete ich während der Kommunionausteilung einen Mann, der auf zwei Krücken nach vorne humpelte. Schritt für Schritt, er ging sehr schwer. An den Krücken hielt er sich fest und stützte sich ab. Jede Pause in der langen Reihe wurde für ihn zur Qual. Ich kannte ihn nicht, er war mir auch in den Bänken nicht aufgefallen. Als er endlich dran war und so armselig vor mir stand, bemerkte ich, dass er sich gar nicht richtig aufrichten konnte. Seine Beine knickten ab. In so einer Situation ist die Mundkommunion eine Hilfe, dachte ich. Da ich ihm helfen wollte, nahm ich die Hostie und führte sie an seinen Mund. Er winkte ab. Schwerfällig packte er die eine Krücke aus der rechten Hand in die linke. So ohne weiteres ging es nicht. Denn er musste das Gleichgewicht mühsam aufrechterhalten. Als es ihm endlich gelungen war, beide Krücken mit der linken Hand festzuhalten, hielt er mir vorsichtig die rechte Hand hin. Die Geste war ihm wichtig, so dass er all seine Kraft zusammennahm. Um Christus in die Hand zu bekommen, setzte er – mit festem Standpunkt – seinen Stand aufs Spiel. Dabei wäre alles einfacher gewesen: ehrfurchtsvoll den Mund öffnen, demütig die Zunge herausstrecken, andächtig kommunizieren. Aber er wollte es anders. Obwohl die Szene alles andere als sta-

bil war, wirkte sie würdevoll, wobei die Würde eines behinderten Menschen die Würde Gottes unterstrich.
Handkommunion verdeutlicht mir mehr als die Mundkommunion, was Communio, gottesdienstliche Gemeinschaft, bedeutet. Wenn ich mit dem Mund kommuniziere, esse ich alleine. Nur für mich nehme ich das Brot meines Heilandes auf. Die Menschen rechts und links neben mir interessieren mich nicht. Sie sind jeweils für sich Empfangende. Halte ich dagegen die Hand hin und halten auch die anderen neben mir die Hand hin, besteht die Möglichkeit, gemeinsam zu essen. Alle, die das Stück des Himmelsbrotes in ihrer Hand bergen, können es gemeinsam zum Mund führen. Auf diese Weise werden Gemeinschaft und Gemeinde rituell zusammengebracht. Die Idealform eines großen Kreises, in dem man gemeinsam isst, wird in den meisten Gottesdiensten nicht möglich sein, zumindest aber ermöglicht die Handkommunion, einen Kreis zu bilden. Endlich esse ich nicht alleine. Eucharistische Gemeinschaft wird darüber konkret. Und die Kommunion ist so nach dem Konzil genauso andächtig wie davor.
Dabei berührt mich nach wie vor der Gedanke, dass Gott sich brotklein macht, um in meine Hand und in die Hand der anderen zu passen. Der unendliche große, allmächtige Gott kapselt sich ein in ein Stück Brot. Dabei weiß er nicht, ob der Mensch, der das Stück Brot in die Hand nimmt, richtig damit umgeht. Gott setzt voll auf Risiko. Er lässt sich auf die Menschen ein und hofft auf deren Einsicht. Würdig oder unwürdig, darüber entscheidet das Gewissen des Menschen, der Gottes großzügiges Angebot annimmt. Weder Mund noch Hand machen den Ernst des Kommunionempfanges aus. Ein-

zig das Herz des Kommunizierenden bestimmt über die Haltung, mit der er an den Altartisch tritt. Liturgische Vorschriften regeln keine Würde. Sie ist immer eine Herzensangelegenheit des Einzelnen und einer Gemeinde.
Wenn ich alles bedenke, wirkt auf mich die außerordentliche Form der Kommunionspendung sehr ordentlich.

»... Im Kreislauf des Jahres entfaltet sie (die Kirche) das ganze Mysterium Christi von der Menschwerdung und Geburt bis zur Himmelfahrt, zum Pfingsttag und zur Erwartung der seligen Hoffnung und der Ankunft des Herrn.
Indem sie so die Mysterien der Erlösung feiert, erschließt sie die Reichtümer der Machterweise und der Verdienste ihres Herrn, so dass sie jederzeit gewissermaßen gegenwärtig gemacht werden und die Gläubigen mit ihnen in Berührung kommen und mit der Gnade des Heils erfüllt werden« (SC 102).

12. Frieden

Friede ist möglich

Lange habe ich gedacht, er sei eine Erfindung des II. Vatikanischen Konzils: der Friedensgruß. Mit ihm verband ich den gottesdienstlichen Fortschritt des Konzils. Dabei ist der Friedenskuss uralt. Bereits der Apostel Paulus lädt die Gläubigen ein, sich mit einem hl. Kuss zu begrüßen. Vor der Liturgiereform hatte der rituelle Kuss seinen Platz im Hochamt, sobald mehrere Geistliche anwesend waren. Er beschränkte sich auf die Geweihten und sprang nicht auf die Gemeinde über. Obwohl ich ihn als Messdiener im Festhochamt aus der Nähe beobachten konnte, war er selbst für mich weit weg. Ich sah, wie der alte Dechant sich am Altar umdrehte, die Arme öffnete und den Diakon, gespielt vom ersten Kaplan, umarmte. Dieser konnte seinem Chef nicht ausweichen. Mit seiner linken Wange berührte er die rechte Wange des Pastors, gleichzeitig etwas Unverständliches nuschelnd. Dann stieg er die Stufen hinunter. Dort wartete der zweite Kaplan in der Rolle des Subdiakons. Wieder offene Arme, Wangenberührung und Nuscheln. Später habe ich in meinem Schott nachgelesen, was dort oben Geheimnisvolles gesprochen wurde. »Pax tecum«, »Et cum spiritu tuo«. Dann war Schluss. Die Liturgie ging weiter, ohne dass uns Messdiener der Wunsch zugenuschelt wurde. Wir waren außen vor, erst recht sprach keiner der Hochwürden die Gemeinde an. Brauchte sie nicht den Frieden Gottes?

Feierten wir eine normale Messe, lief anstelle des Friedenskusses etwas Mysteriöses ab. Was der Pfarrer dann tat, war kaum zu sehen. Nur wenn ich seitlich kniete, hatte ich einen spärlichen Einblick. Alles erfolgte so flink, dass die Augen nicht hinterherkamen. Mühsam verfolgte ich, wie er die weiße Oblate brach und ein Stückchen davon dreimal über den Kelch schwenkte. Danach ließ er es in den Kelch gleiten. Dabei murmelte er einen lateinischen Spruch:

– »Pax Domini sit semper vobiscum.«

Aus dem Lateinunterricht wusste ich, dass »Pax« Frieden bedeutet. Der Friedenswunsch hatte sich also versteckt und keiner konnte ihn bemerken. Warum sprach der Zelebrant den Kelch und nicht direkt die Menschen an, die des Friedens bedurften? Sie waren doch gemeint! Der Friede Gottes ist eine großartige Gabe, die keiner verstecken sollte. Weil der Frieden sozusagen vor dem priesterlichen Bauch verschwand, habe ich ihn aus meinem Gedächtnis verbannt. Als er neu eingeführt wurde, war er für mich die »Erfindung« des II. Vatikanischen Konzils. Bis heute empfinde ich ihn als Geschenk. Von dem gedeckten Tisch in der Messe geht der Friede Gottes aus. Wenn Christus gegenwärtig ist, schenkt er seinen Frieden. Nicht umsonst verkünden die Engel zu seiner Geburt den Frieden. Er selbst hat den Aposteln den Frieden hinterlassen. »Frieden hinterlasse ich euch, meinen Frieden gebe ich euch.« In der Liturgie ist es kein selbstgestrickter Friede, der die Menschen unter Druck setzt, unbedingt Frieden zu halten. Wir sind zwar eingeladen, unser Leben so zu ordnen, dass in ihm Friede herrscht. Genauso wichtig ist es, sich in der Welt immer wieder um Frieden und Gerechtigkeit zu bemühen. Ich gebe meine Verantwortung nicht in der Kirchenbank ab.

Da ich aber im Gottesdienst Empfangender bleibe, ahne ich, wo die Quelle des Friedens sprudelt. Dort lasse ich mich beschenken.
Ich empfange den Frieden mit offenen Armen und gebe ihn genauso weiter. Welch ein Segen ist die Einladung an alle, auf den Mitmenschen zuzugehen. Mindestens einmal dreht sich der Mensch um, blickt den anderen an, lächelt ihm zu und reicht ihm die Hand. Die ganze Gemeinde gerät in Bewegung, um das Friedensgeschenk weiterzureichen. Bei mancher Messfeier überrascht mich, was die Liturgiereform »angerichtet« hat. Eine Welle des Friedens wogt durch den Kirchenraum und ist nicht aufzuhalten. Sie überrollt jede liturgische Zurückhaltung. Dann brauche ich Zeit, um in der Feier fortzufahren. Soll man sich für den Frieden Gottes keine Zeit nehmen?
Wer Angst vor Kontakt hat, wird von Gottes Freundlichkeit umfangen. Wie will er sich seinem Angebot im Gottesdienst entziehen? Es ist unmöglich zu fliehen. Der Banknachbar holt ihn mit seiner ausgestreckten Hand zurück. Sein Lächeln beweist, dass das Geschenk Gottes ankommt oder angekommen ist. Wie schon in der vorkonziliaren Liturgie stehen auf dem Altar Gottes Friedensgaben: das verwandelte Brot und der verwandelte Wein. Bevor sie geteilt werden, wird der dazugehörende Frieden ausgeteilt. Endgültig wird damit klar, dass der Friede Gottes jedes menschliche Friedensbemühen übersteigt. Selbstverständlich dient er dem Einzelnen, aber vor allem dient er dem Aufbau der Gemeinde und der Kirche. Gerade ihnen gilt das Geschenk Gottes. Gott weiß um den Menschen, er kennt die Gefahr des alltäglichen Unfriedens. Deshalb setzt er diesen starken

Akzent, der Verwundungen in der Gemeinde heilen kann. Es gelingt nicht immer, weil die Verletzungen der Menschen zu groß sind. Dennoch bleibt der Friedenswunsch in jeder Eucharistiefeier ein Segen. Keiner, der zum Tisch des Herrn tritt, kann überhören und übersehen, was gewünscht wird: »Der Friede des Herrn sei mit dir.« Wie gut ist es, dass die Liturgiereform den Friedensgruß aus dem Versteck herausgeholt hat. Wie gut ist es, sich dieser Gabe Gottes bewusst zu sein. Der versprochene Friede muss laut und deutlich ausgesprochen werden. Jeder in der Kirche sollte mitbekommen, wer gemeint ist. Aus diesem Grund gehören ein Lächeln und ein Händedruck unbedingt dazu.
Nach dem Konzil erzählte man sich unter Priestern eine Anekdote: Der Bischof feiert im hohen Dom ein Pontifikalamt. Die hohen Domherren sitzen in ihren violetten Gewändern im Chorgestühl, kümmern sich kaum um das Geschehen am Altar und beten vorkonziliar Brevier. Plötzlich, für sie überraschend, wünscht der Bischof allen den Frieden. So flott haben sie nicht damit gerechnet. Ohne Zögern legen sie ihr Brevier beiseite, damit sie die Hände freihaben, um auf die Mitbrüder zuzugehen. Einer dreht sich zu seinem Nachbar um und spricht ihn an, ohne Hemmungen: »Friede ist möglich!« Der andere, nicht auf den Mund gefallen, antwortet: »Selbst mit dir!« Nur eine Anekdote, jedoch genau sie verwirklicht die Idee des Friedensgrußes. In der Liturgie ist Frieden mit jedem möglich, weil Gott ihn allen schenkt.

»So richtet die Kirche ihre ganze Sorge darauf, dass die Christen diesem Geheimnis des Glaubens nicht wie Außenstehende und stumme Zuschauer beiwohnen; sie sollen vielmehr durch die Riten und Gebete dieses Mysterium wohl verstehen lernen und so die heilige Handlung bewusst, fromm und tätig mitfeiern, sich durch das Wort Gottes formen lassen, am Tisch des Herrenleibes Stärkung finden. Sie sollen Gott danksagen und die unbefleckte Opfergabe darbringen nicht nur durch die Hände des Priesters, sondern auch gemeinsam mit ihm und dadurch sich selber darbringen lernen. So sollen sie durch Christus, den Mittler, von Tag zu Tag zu immer vollerer Einheit mit Gott und untereinander gelangen, damit schließlich Gott alles in allem sei« (SC 48).

Der Himmel geht über allen auf …

Immer wenn in der Gemeinde eine Firmung anstand, fragten wir uns: Welcher Bischof kommt? Er entschied nämlich über die Gottesdienstgestaltung. Jedes Mal schickte ich einige Wochen vor dem Termin den Gottesdienstplan ins Bischofshaus. Prompt kam er zurück, manchmal mit einer Änderung. Im Großen und Ganzen waren unsere Bischöfe gemeindefreundlich und ließen die Jugendlichen gewähren.

Mit einem Weihbischof stritten wir uns schon einmal über die Liedauswahl. Dabei ging es weniger um die Rock- oder Popmusik, die manchmal im Altarraum erklingen sollte. Es ging auch nicht um die so genannten neuen geistlichen Lieder. Es ging um das Sanctus. Zum »Heilig, heilig, heilig« durfte kein Lied gesungen werden, das nicht genau den Text wiedergab. Umschreibungen halfen nicht. Wenn sich die Jugendlichen für »Der Himmel geht über allen auf« entschieden hatten, wurde zensiert. Es nutzte kein Bitten und Betteln. Nichts fruchtete, jedes Mal hielt der Weihbischof dagegen. Für ihn war es wichtig, während der hl. Messe in den Lobgesang der Engel mit einzustimmen. Den Firmlingen klarzumachen, dass wir zusammen mit den Engeln singen, war schwierig. Für diesen Aspekt der Liturgie hatten sie kein Verständnis. Aber dem Weihbischof kam es auf die lobpreisende Gemeinsamkeit zwischen Himmel und Erde an. Mehr noch, er forderte den Gleichklang von Himmel und Erde. Um den Engeln das Mitsingen zu ermöglichen, mussten wir texttreu bleiben. Der Weihbi-

schof ist inzwischen emeritiert. Vor kurzem hat er noch einmal bei uns gefirmt, und die Jugendlichen hatten wieder kein »Heilig, heilig, heilig«-Lied ausgesucht. Ein bisschen boshaft ließ ich sie gewähren. Mal schauen, wie er reagiert. Er reagierte so wie immer, nur viel, viel gelassener. Inzwischen war er älter geworden.
Trotzdem hatte ich gelernt: Sein Anliegen zielt auf die Mitte christlicher Liturgie. Ihr geht es um mehr als nur um die örtliche Gemeindeversammlung. In ihr sind Gesang und Gebet wichtig. Beide tragen die Menschen, die sich zur hl. Messe zusammenfinden. Aus diesem Grund müssen die Firmlinge mitbeten und mitsingen können. Ohne ein Entgegenkommen an ihren Geschmack verstehen die jungen Menschen heutzutage kaum etwas vom Gottesdienst und von den Sakramenten. Freilich sind unsere Lieder und Texte nur ein winziger Anteil. Unser gottesdienstliches Tun ist eingebettet in einen weltweiten, ja schöpfungsweiten Zusammenhang. Alles, was die Gemeinde vor Ort tut, ist ein Mosaikstein in einem großen Werk. Die Kirche umspannt die Welt, und in jeder Gemeinde ist die Welt zu Hause. Manchmal fällt es schwer, die Welt in der Dorfkirche zu entdecken. Dennoch ist der Gottesdienst kein Provinzereignis, das ich mit meinen Hausnachbarn allein feiere. Grenzen werden überstiegen, Mauern eingerissen, wenn »Feinde sich die Hand reichen«. Die Armut in Afrika vergegenwärtigt sich genauso wie der Reichtum in Europa. Dabei lässt sich unsere Verantwortung nicht verbergen. Die ganze Welt gehört zur Kirche Jesu Christi. Vor dem Konzil waren wir eine Weltkirche, wir sind danach eine Weltkirche, und wir werden eine Weltkirche bleiben. Das II. Vatikanische Konzil hat deutlich gemacht, dass alle

Völker und Rassen an den Tisch gehören. Indem das Konzil die Ortskirchen stärkte und Rücksicht auf örtliche Gegebenheiten nahm, rückte es die Welt viel mehr in das Blickfeld, als wenn es einen künstlichen Einheitsbrei verordnet hätte. Vielleicht sind die Weltjugendtage, die bei manchem Firmling Anklang finden, eine Frucht konziliarer Weltsicht.
Der Bischof wollte den Jugendlichen ihren engen Blick weiten und darauf hinweisen, dass die Welt Teil der gesamten Schöpfung ist und zur Erde der Himmel gehört. Ob die Jugendlichen den Bischof verstanden haben, wage ich zu bezweifeln. Wahrscheinlich hätte ihnen mehr geholfen, ein neues geistliches Lied zu singen. Dann wäre über ihnen der Himmel aufgegangen. Trotzdem, unsere Erde ist zu klein für den Gottesdienst. Ihr fehlt die unendliche Weite des Himmels. Obwohl wir manchmal meinen, wir seien die Macher der Liturgie, gilt nach wie vor, sich in Bescheidenheit zurückzunehmen. Schon vor dem II. Vatikanischen Konzil war klar, dass Gottesdienst kein Menschenwerk ist. Jedoch verbaute das menschliche Zeremoniell den Weg. Der »Erfolg« oder »Misserfolg« der Liturgie geriet mehr und mehr zu einer Menschenleistung, was sicher so nicht gewollt war. Die Liturgiereform hat damit aufgeräumt. Es wurde wieder einsichtig, was immer gegolten hatte. Ohne den Himmel gibt es auf der Erde keine Liturgie. Von uns hängt am wenigsten ab. Die hl. Messe ist eine Synthese zwischen himmlischem und irdischem Tun. Die Erde bringt ihren Teil und wird hineingenommen in das, was der Himmel feiert. Die Menschen singen mit den Engeln zusammen. Wer die Schlusssätze der Präfationen nachliest, merkt, worauf der Bischof hinauswollte: »Darum preisen wir

dich mit allen Engeln und Heiligen und singen vereint mit ihnen das Lob deiner Herrlichkeit.« Oder noch deutlicher: »Darum singen wir mit den Engeln und Erzengeln, den Thronen und Mächten und mit all den Scharen des himmlischen Heeres den Hochgesang von deiner göttlichen Herrlichkeit.« Oder eindeutig: »Darum rühmen dich Himmel und Erde und singen wie aus einem Mund das Lob deiner Herrlichkeit.« Man mag über den Sprachstil streiten, die Verbindung zwischen Himmel und Erde in der Eucharistie ist unaufgebbar. Wer hören kann, bekommt mit, dass er und seine Banknachbarn nicht alleine die hl. Messe feiern. Der Himmel ist mit eingeschaltet. Die Engel sind die eigentlichen Sänger. Durch das enge Zusammenwirken gewinnt die gottesdienstliche Feier wieder jene heilsame Gelassenheit, die den aufgescheuchten modernen Seelen hilft zu leben. Mein leises Lied stimmt ein in den lauten Gesang der Engel, und Himmel und Erde klingen zusammen. Natürlich ist es eine Glaubensfrage, ob ich den Himmel mit am Werk sehe. Im Zentrum der Messfeier steht jedoch der entscheidende Hinweis: »Geheimnis des Glaubens!« Aus dem Brot der Erde wird das Brot des Himmels, wie es in einem offiziellen Kirchengebet heißt. Das konzertante Mitspielen des Himmels ist und bleibt ein Geheimnis, aber genau dieses Geheimnis macht den Gottesdienst aus.

»In der irdischen Liturgie nehmen wir vorauskostend an jener himmlischen Liturgie teil, die in der heiligen Stadt Jerusalem gefeiert wird, zu der wir pilgernd unterwegs sind, wo Christus sitzt zur Rechten Gottes, der Diener des Heiligtums und des wahren Zeltes. In der irdischen

Liturgie singen wir dem Herrn mit der ganzen Schar des himmlischen Heeres den Lobgesang der Herrlichkeit. In ihr verehren wir das Gedächtnis der Heiligen und erhoffen Anteil und Gemeinschaft mit ihnen. In ihr erwarten wir den Erlöser, unseren Herrn Jesus Christus, bis er erscheint als unser Leben und wir mit ihm erscheinen in Herrlichkeit« (SC 8).

Meine Angst und mein Wunsch

Die Anzeichen verdichten sich, dass in unserer Kirche im Moment Geschichte neu geschrieben werden soll. Ich kann nichts beweisen, aber ich habe den Eindruck, das II. Vatikanische Konzil werde mehr und mehr zum ungeliebten Kind. Der Zusammenbruch der Volkskirche in Deutschland wird ihm angelastet. Was in Westeuropa eine Folge der gesellschaftlichen Entwicklung ist, wird direkt als Konsequenz der Liturgiereform gedeutet. Die neue Liturgie habe die Kirche zerstört. Dagegen behaupte ich, sie hat sie gerettet. Es säßen heute noch weniger im Boot, weil die See zu rau und zu stürmisch geworden ist. Meine Angst vor einer in meinen Augen verhängnisvollen Entwicklung findet ihre Bestätigung in einer Geschichte, die ich in den Medien verfolgt habe. Ihre Angaben stimmen.

Am Palmsonntag 2008 feierte Papst Benedikt XVI. den Gottesdienst im Petersdom mit einem anderen Kreuzstab als dem in der Öffentlichkeit Bekannten. Warum eine Kleinigkeit so hochspielen, werden manche denken. Zunächst dachte ich auch so. Nach einem Sprichwort aber sitzt der Teufel bekanntlich im Detail.

Kurz nach der Wahl von Paul VI. telefonierte der Privatsekretär des neuen Papstes mit einem neapolitanischen Künstler. Der Papst hatte einen Wunsch. Als Bischof von Rom wollte er unbedingt einen Hirtenstab, der sichtbar von Jesus Christus Zeugnis gebe. Der Künstler arbeitete unermüdlich an diesem Auftrag. 1965 war es so weit. Zur Abschlussfeier des II. Vatikanischen Konzils trug Paul VI. zum ersten Mal den neu geschaffenen Kreuzstab. Damit war er eng mit dem Konzil verbunden. Johannes Paul II. hat ihn auf allen seinen Reisen mitgenommen. Er schien fast verwachsen mit diesem Stab. Die Welt sah den Papst und das Kreuz. Das Konzil war zumindest symbolisch nicht vergessen. Benedikt XVI. änderte schon drei Jahre nach seinem Amtsantritt die Tradition. Aus der Schatzkammer des Vatikans ließ er einen Kreuzstab von Pius IX. hervorholen. Dieser Pius steht für das Unfehlbarkeitsdogma, das dem Papst alle Lehrautorität zuspricht. Um das Dogma hat es bis heute in der Kirche viel Streit gegeben. Als der päpstliche Zeremonienmeister auf den Stabwechsel hingewiesen wurde, meinte er nur: »Der Heilige Vater suchte einen Hirtenstab, der leichter sein sollte als der von Paul VI.« Eigenartig, selbst der schwerkranke Johannes Paul II. hat ihn in seinen letzten Jahren immer getragen.

Wenn es einen anderen Grund als das Gewicht geben sollte, bekomme ich Angst. Der Hirtenstab, mit dem Paul VI. bewusst das II. Vatikanische Konzil verband, verschwindet im Abstellraum. Dagegen wird auf ein Kreuz gesetzt, das ein anderes Kirchenbild vertritt. Auf jeden Fall ist es nicht das Kirchenbild des II. Vatikanischen Konzils. Dabei hängt im Münchener Liebfrauendom, der Kathedrale vom ehemaligen Erzbischof Ratzinger, eine Gedenkplatte, die ihn als Papst Benedikt XVI. darstellt. Überdeutlich hält er den Kreuzstab von Papst Paul VI. in seiner Hand. Das Kreuz ragt in den Kirchenraum, damit es nur nicht vergessen werde. Hoffentlich übersieht es kein Gottesdienstbesucher, erst recht kein Erzbischof.

Ist es wieder nur Zufall? Die Päpste Pius XII. und Johannes Paul II. sollen seliggesprochen werden. Johannes XXIII. ist es schon. Von Papst Paul VI., der konsequent die Liturgiereform durchgeführt hat, spricht keiner. Er hat sicher Fehler gemacht. Die Enzykliken über den Zölibat und die Empfängnisverhütung haben die Begeisterung des II. Vatikanischen Konzils abgewürgt. Der überall zu spürende Aufbruch war dahin. Vielleicht begann damit der Niedergang der Kirche. Trotzdem hat Paul VI. die Liturgiereform unbeirrt durchgehalten. Vorher schon hatte er als Kardinal die Liturgiekonstitution in der Konzilsaula verteidigt: »Die Liturgie ist doch für die Menschen da, und nicht die Menschen für die Liturgie.« Damit verweist er auf den bekannten Vers des Markus-Evangeliums. Ich frage mich, ob dieser Papst es verdient hat, vergessen zu werden? Oder was war seliger an den Pontifikaten anderer Päpste des 20. Jahrhunderts?

Die neue Liturgie hat erst vierzig Jahre Gültigkeit. In der Hektik der nachkonziliaren Reform wurde manches zu schnell fallengelassen und anderes zu wenig überlegt eingeführt. Damals arbeiteten die Liturgischen Kommissionen unter Zeitdruck, um zu vollenden, was das II. Vatikanische Konzil beabsichtigt hatte. Heute legen manche Kritiker den Finger in diese Wunde. Die Liturgiewissenschaft wird sich an ihren Argumenten abarbeiten, so dass damalige Fehlentwicklungen jetzt korrigiert werden können und keine Rückkehr zur vorkonziliaren Liturgie begründen. Vierzig Jahre sind nach kirchlichen Maßstäben keine Zeit, um eine Gottesdienstform angemessen beurteilen zu können. Wahrscheinlich fehlt der konziliaren Liturgie tatsächlich die Reife ihrer älteren

Schwester. Diese durfte mehr als tausend Jahre in Ruhe wachsen. Im Laufe der Jahrhunderte gelang es ihr, sich als *die* Form des Gottesdienstes zu etablieren. Es ist verständlich, dass sie Liebhaber gefunden hat. Dagegen hat es die junge Liturgie schwer. Aber warum lassen einige Katholikinnen und Katholiken sie nicht wachsen und gedeihen? Warum billigen sie ihr keine notwendige Reifezeit zu? Sie braucht heute genauso eine Chance, wie sie die römische Liturgie immer erhalten hat. Vierzig Jahre sind zu kurz. Dabei beansprucht die neue Liturgie gar nicht, für Jahrhunderte Gültigkeit zu besitzen. Ihr reicht es, wenn sie sich in jeder Zeit neu auf die Menschen einstellen darf. Die Liturgie der Zukunft braucht Beweglichkeit, damit Gott und Mensch von Ort zu Ort, von Zeit zu Zeit neu zueinanderfinden.
Als alt gewordener Pfarrer gehöre ich zur Vergangenheit der Kirche. Vieles habe ich erlebt und mitgestalten dürfen. Aber an der kirchlichen Entwicklung in den kommenden Jahrzehnten werde ich unbeteiligt sein. Die Zukunft liegt in anderen Händen. Aber eines weiß ich sicher: Das II. Vatikanische Konzil beinhaltet mehr Zukunft als das Konzil von Trient. Ich habe einen Wunsch: Bewahren wir das Erbe des II. Vatikanischen Konzils und hüten wir den Schatz der Liturgiereform! Was vor vierzig Jahren gesät wurde, muss erst einmal wachsen, damit die nachfolgenden Generationen die Früchte ernten können. Gönnen wir den Kindern die nahrhafte Frucht. Vor allen Dingen entwickeln wir das Erbe des Konzils weiter! In manchen Fragen hat es nicht weit genug gedacht. Fragen sind bis heute unbeantwortet und offen. Deshalb muss in der Kirche noch vieles angepackt werden. Schützen wir den Geist der Liturgiereform,

der uns gemeinsam zu Gott führt und unsere Kirche aufbaut!

»Die Mutter Kirche wünscht sehr, alle Gläubigen möchten zu der vollen, bewussten und tätigen Teilnahme an den liturgischen Feiern geführt werden, wie sie das Wesen der Liturgie selbst verlangt und zu der das christliche Volk, ›das auserwählte Geschlecht, das königliche Priestertum, der heilige Stamm, das Eigentumsvolk‹ (1 Petr 2,9; vgl. 2,4–5) kraft der Taufe berechtigt und verpflichtet ist.
Diese volle und tätige Teilnahme des ganzen Volkes ist bei der Erneuerung und Förderung der heiligen Liturgie aufs stärkste zu beachten, ist sie doch die erste und unentbehrliche Quelle, aus der die Christen wahrhaft christlichen Geist schöpfen sollen …« (SC 14).

Text und Kommentar

Die zitierten Texte aus der Liturgiekonstitution wurden entnommen: Konstitution über die heilige Liturgie (Constitutio De Sacra Liturgia), aus: Lexikon für Theologie und Kirche. Das Zweite Vatikanische Konzil, Teil I, S. 9–109 (Auszüge), © Verlag Herder GmbH, Freiburg i. Br., 2. Auflage 1966.

Herman Schmidt, Die Konstitution über die heilige Liturgie. Text – Vorgeschichte – Kommentar, Freiburg 1965.

Reihe »Lebendiger Gottesdienst. Die Konstitution des Zweiten Vatikanischen Konzils über die heilige Liturgie. Lateinisch-deutscher Text mit einem Kommentar von Emil Joseph Lengeling, Münster, 2. verbesserte Auflage 1965.

Reiner Kaczynski, Theologischer Kommentar zur Konstitution über die heilige Liturgie Sacrosanctum Concilium, in: Herders Theologischer Kommentar zum Zweiten Vatikanischen Konzil, Band 2, Freiburg 2004, S. 1–227.

Bibliografische Information der Deutschen Nationalbibliothek

Die Deutsche Nationalbibliothek verzeichnet diese Publikation in der Deutschen Nationalbibliografie; detaillierte bibliografische Daten sind im Internet über <http://dnb.d-nb.de> abrufbar.

www.echter-verlag.de
Umschlag: Peter Hellmund (Foto: shutterstock)
Druck und Bindung: Druckerei Friedrich Pustet, Regensburg
ISBN 978-3-429-03272-2